中馬清福著

新聞は生き残れるか

岩 波 新 書

833

はじめに

同窓会に行く。先着組が何人か大声で議論している。何かもめているらしい。首を突っ込もうとした途端、「おっ、いいところに来た。この間のあの記事は何だ。いつまでお前のところの新聞は准看護婦制度にケチをつけるつもりだ」。こう言ったのは、ふだんはやさしい腕のいい医者である。「そうだ、新幹線の建設は慎重に、と新聞は書いていたな。それでは郷里は困るんだ」。これは地元の役所の元幹部である。「テレビで十分、ことはすむ」「配達が遅い」「広告が多すぎる」などなど、途切れることがない。

戯画風に記せば、いつもこんな具合である。新聞批判となると、それまでの話題はどこかへ吹き飛び、敵も味方も関係なし、ただちに団結して盛り上がり、そこに現れた不運な男をつるし上げにする。新聞にかかわった人ならだれもが、何度かこんな経験をしていることだろう。

ほとんどの読者は、数えきれないほどの不満を新聞に持っている。といって、そのたびに新聞社へ電話をかけるのは面倒だし、やりとりしているうちにお互い不愉快になるのはもっといやだ。最初、そんな気持ちを抑えて新聞に物申してきた人も、二度三度とやってみたけど、結局、なんにも変わらないね、と言ってついにはあきらめてしまう。あとに残ったのは、黙って新聞から離れていった人びとの長い長い列である。

新聞の世間知らず。新聞の怠慢。新聞の傲慢。こう言われても、反論できない例をいくつか見てきた。そこへテレビ、インターネットなど多メディア時代の本格的な到来だ。新聞への悪口雑言や他メディアへの乗り換えなど、起きて当然、仕方のない面もある。新聞はもはやその存在理由を失った、と極言する人さえいる。

しかし、いささか逆説めくが、多メディア時代であるからこそ、新聞は存在し続けるであろう。二〇〇〇年六月、日本新聞協会が制定した新しい「新聞倫理綱領」が言うように、おびただしい量の情報がとびから社会では、何が真実か、どれを選ぶべきか、的確で迅速な判断がこれまで以上に重要である。それに最もふさわしい担い手は、目下のところ新聞以外に考えられない。新聞が持つ特性は、そういう状況下でこそフルに活用できるものである。新聞は死なない。小著が最後のところで明日の新聞を考えることにしたのも、そうした信念に基づく。

だが、一新聞人がいくら力んでみたところで、いまの新聞に絶望している人びとからすれば、ほとんど笑止の沙汰であろう。病んだ今日の新聞とその元となった昨日の新聞を徹底究明しないかぎり、どんなに立派な新聞論も、それは机上のデッサンにすぎない、と。

小著では第一章で、新聞が売れに売れた一九六〇～七〇年代と、一転してかげりが出てきた八〇～九〇年代をとりあげ、主に世論調査の結果を使って、なぜそうなったかを分析する。これによって、時代とともに変化する国民の意識・行動がいかに敏感に新聞の購読部数の増減に影響していくか、その相関関係を追ってみることにしよう。時代の流れに背を向けたメディアは存在しえない、ということが浮き彫りになるはずだ。また、新聞をもっと多くの人に読んでもらうにはどうすればいいか、ヒントが見つかるかもしれない。

第二章は、九〇年代以降今日まで、過去から引きずったままの新聞の病弊に加えて、ますます厳しくなっていく新聞環境と新聞不信の関係を考える。なかでも人権問題は、これまで新聞の姿勢にあきたらなかった市民たちの不満が爆発した形で「権力対新聞」という従来の構図のほかに「新聞対市民」というあらたな構図を出現させた。このままでは新聞は最大の後ろ盾＝市民層を失いかねず、事態は危険な様相を見せ始めている。新聞はどこまでその危機を認識しているのだろうか、どうやって市民の支持を取り戻そうとしているのだろうか。

第三章は前の両章を踏まえたうえで、新聞がこれからも生き続ける条件を考える。新聞の形態や体裁はどうあれ、それが真の意味で国民の知る権利の奉仕者になれれば、人びとは新聞を必ず再評価して戻ってきてくれるはずである。それができなければ読者は去ったまま、新聞はいずれ消えていくか、あるいは知る権利とは縁もゆかりもない薄汚れた紙きれとなって残るだけである。私はそんな新聞の終焉を見たくない。

目　次

写真提供＝朝日新聞社

第一章　浮き沈みの末に
——新聞の昨日

新聞を印刷するための鉛版
（1970 年代，朝日新聞東京本社で）

1　新聞の黄金期と高度成長

「あなたの月給を倍に…」

一九六〇年(昭和三五)は日米安保条約が改定された年である。いわゆる新安保条約はこの年の六月に成立、発効した。しかし、当時の岸信介内閣の強引な政治手法は多くの国民の心に深い傷跡を残し、政治不信と怨念の深まりは予想以上であった。危機感を強めた政権党は、これまでとはまったく異なる政治手法で事態を乗り切る決意をする。こうして七月、〈寛容と忍耐〉と〈高度成長・所得倍増〉がスローガンの池田勇人内閣が発足した。「一九六一～七〇年度の一〇年間に経済成長率を年平均七・二％にして、あなたの月給を(五～一〇年で)倍にします」と叫ぶ池田のだみ声は、閉塞感に悩む人びとにとても新鮮に聞こえた。第一、お金について、こんなにあけすけに、わかりやすい言い方をする総理大臣は初めてだった。私はそういう時期、六〇年四月に新聞記者になった。

池田内閣は積極的な経済政策を進め、高度成長への道をかためていった。六四年、日本はOECD(経済協力開発機構)に加盟して開放経済体制に入った。一〇月には東海道新幹線が開業し、アジアで初めてのオリンピックが東京であった。都内ではあちこちに高速道路ができた。こういった一極集中化とそれをささえる公共事業の急伸が、農村から都市へ、日本人の大移動を加速した。すでに六一年四月には、農業から工業へ労働力を移動しやすくする農業基本法が成立していた。『経済白書』が「もはや戦後ではない」と言ったのは五六年だったが、それを人びとが実感したのは、それから五、六年後の、このころだったのではないか。

眠ったような街、秋田市で

六〇年前後、都心を離れると東京ものんびりしていた。いまニコタマの愛称で呼ばれ、週末は人でごったがえす東急・二子玉川駅かいわいも、私の学生時代は林と畑が目立つ田園地帯だった。もちろん、地方はもっとのんびりしていた。当時、岩波書店から刊行されたシリーズ「岩波写真文庫」は、まさに新旧入れ替わる時代の日本を活写したものとして知られているが、その一冊『秋田県――新風土記』を持って赴任した秋田市は眠ったような街だった。道路事情は悪く、自動車も少なかった。夜の八時半ごろ、私はうっすらと雪の積もった路上を、支局のジープで走っていた。するとスリップ、反対車線に飛び込んだあげく、車は半回転した。あわや、である。ところがなんと、市内ではこれ一本しかないというほどのメインストリートだというのに、両方向とも車は一台も走っていなかったのである。

そんな具合だから、紙面はおだやかなものだった。交通事故は「全治二週間のけが」でも県版に載ったし、稲のできぐあいを報じる記事は県版ではなく全国版に回った。まだお米が大事に扱われていたころで、現に秋田市近郊の八郎潟では米の増産をめざす大がかりな干拓工事が進んでいた。県版のトップはたいがい県か市の行政記事で、それもものものしく「県では」とか「秋田市では」で始まっていた。しばらくして表現こそ「県は」に変わったが、内容はあいかわらず上意下達のお知らせ型が多かった。

それでも読者は黙って読んでくれた。文句はいっぱいあったのだろうが、少なくとも私たちの耳には届いていない。あるとき、読者から支局へ苦情の電話がかかってきた。いまでは何が問題だったかも忘れたが、私はうろたえた。すると支局長がよこせという。いきなり「そんなに文句があるなら新聞をとるのをやめればいい」と言って電話を切った。事件が大好き、情にもろくて権力嫌いのこの支局長の口癖は「お前たちが恐れる人なんてどこにもいないのだ」だった。新米記者は感激した。読者と日常接している新聞販売店への支局側の理解も薄く、彼らの意見に耳を傾け、それを紙面に反映させる、といった考えなどまずなかった。販売店の側も支局を敬遠しがちだった。

これは後のことだが、一九六三年、私が政治部勤務となって初めての総選挙のときにも、同じような体験をした。群馬三区から元首相・故小渕恵三が初めて立候補した年である。小渕事務所から「新聞の候補者一覧に掲載される姓は、小渕ではなくて小淵にしてほしい」と言ってきた。すると選挙担当の先輩記者が「これはうちの決まりでやっているんだ。そんなことを言うなら、あなたのところの姓名は載せない」と一蹴した。相手は沈黙した。

紙面あっての販売であり広告であったから、編集局に正面から物言うことは何となくはばかられる空気が社内外にあった。編集は聖域であり、だれの容喙《ようかい》も許されない、と信じられていた。まして、新聞を売るために、広告を取るために、何か注文をつけるなどは論外であった。

一九六〇〜七〇年代の急成長

当時、テレビは生まれたばかりで六〇年の受信契約数はやっと五〇〇万台程度。とうてい新聞の敵ではなかった。ただ、このように情報伝達手段を事実上独占していた新聞にしたところで、規模は小さく、いまに比べればささやかなものだった。日本新聞協会の資料によれば、六〇年、日本の日刊紙の総発行部数は二四四三万八〇〇〇部、売上総額はその前年(五九年)で一一五七億円にすぎない。

それが東京五輪の前後から大きく変わっていった。まずテレビが飛躍的に伸びていく。六二年、受信契約数は一〇〇〇万台を超え(普及率四九%)、六七年には二〇〇〇万台を突破した(同八三%)。しかし新聞も伸びた。六五年、総部数は二九七七万六〇〇〇部、総売上はその前

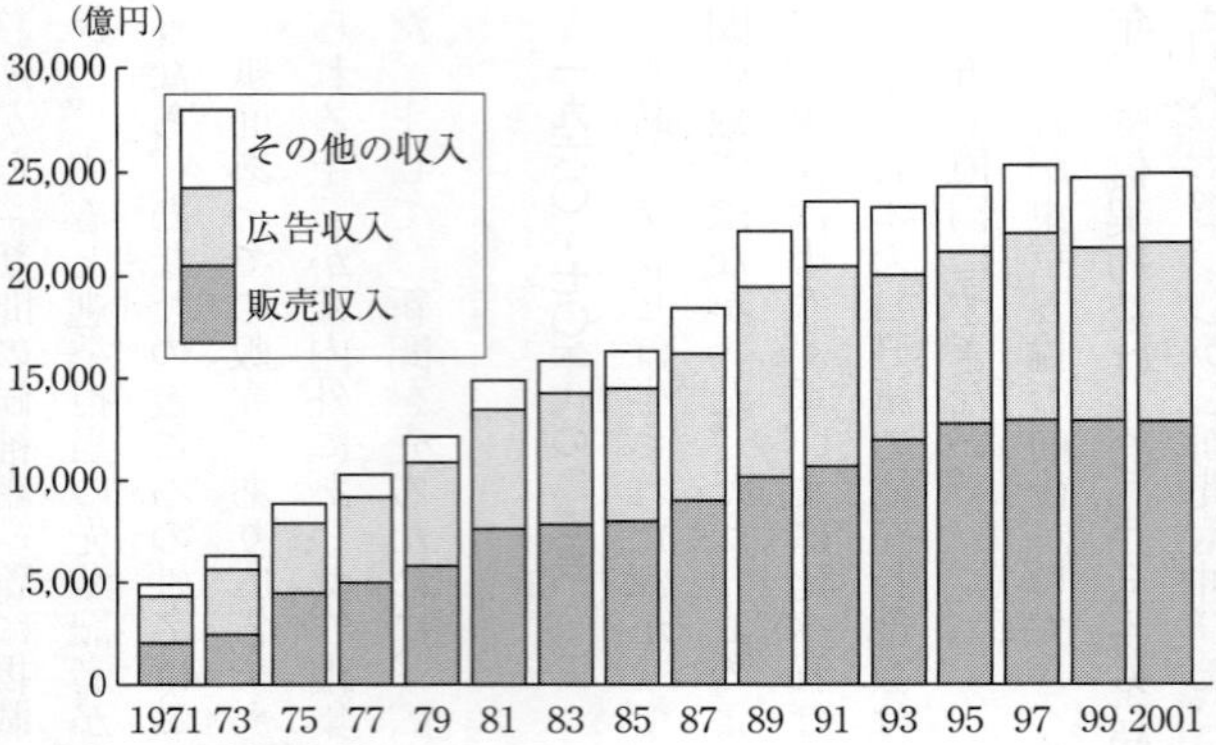

資料：日本新聞協会

図1　新聞社総売上高

年(六四年)で二二一九億円。五年間で二倍近い売上増だが、特徴は広告収入の急伸だ。二倍半に増えて一一八九億円となり、販売収入(九四五億円)を上回った。そのころからどの新聞もページ数を増やすのだが、その原因の一端はもちろん広告の需要増にあった。しかも、この急激な右肩上がりの調子は続く。一九七七年、新聞業は一兆円産業となった(図1)。

その急成長ぶりを、当時、最多部数を誇っていた朝日新聞のデータで見てみよう。

朝日新聞が発行部数を三〇〇万の大台に乗せたのは意外に早く、戦前、一九四〇年のことである。ところが敗戦の年をはさんで六一年まで(五〇、五一年の二年間だけ四〇〇万部を超えたことがあったが)安定部数三〇〇万台のハードルを超すことはなかった。ところが六二年、四一一万三〇〇〇の部数を得て弾みがついた。四〇〇万部台を四年で通過し、六六年には五一〇万部、七一年には六〇四万部、七六年には七一六万部となった。一〇〇万部増やすのに四〜六年しかかかっていないのだ。だが、そのスピードもそこまでだった。次の大台、八〇〇万部を超すのが八八年。一二年かかった。以来、八〇〇万部台のまま今日に至っている。

部数増は、販売収入だけでなく広告収入の増加に大きく貢献した。朝日新聞の場合、六〇年度まではほぼ一貫して販売収入が広告収入を上回っていたが、六一年度に逆転。以来七四年度まで、六六年度を除いて、ずっと広告収入が優勢だった。このころから新聞各社は、販売体制の強化や印刷設備増強などの投資に巨額の資金を必要とし始めた。入社当時三九〇円だった一カ月あたり朝・夕刊セットの購読料は、七四年には一七〇〇円になるなど、毎年のように値上がりした。ちなみに、七八年、朝日新聞は販売戦略に失敗し、単独で月額三〇〇円の値上げをして部数首位の座を読売新聞に奪われてしまう。

紙面作成の要、整理部

六二年春、秋田支局から横浜支局へ異動となり、横浜市鶴見、神奈川あたりの警察を担当した。「公害」という言葉は明治時代、河川法にすでに登場しているそうだが、私が初めて「公害」を実感したのはこのときだ。高度成長期である。京浜工業地帯は活気に満ちており、第一京浜国道、産業道路などは大型車がうなりをあげて疾走していた。鶴見・神奈川両警察署はその真っただ中にあった。署内をうろついていると、交通課の警官たちが外の勤務から戻ってくるところに出くわす。すると、いつもだれかが咳をしている。どうした、と聞くと、咳がとまらないんだ、夜中にも咳きこんで眠れないときがある、と言う。それはいかんな、お大事に、言葉を返しながら、しかし、それに敏感に反応して記事にした覚えはない。それがどれほど深刻なものか理解しないまま、六三年、東京本社の政治部員になった。「公害」が日常語として広く一般に使われるようになったのは、その後、六〇年代後半からだと言われている。

政治部で約三年間、首相の池田勇人にぴったりくっついて動静を追う番記者をやったり、建設相の河野一郎を担当したりしたあと整理部に移った。整理部は紙面作成の要である。出稿された原稿の比重をすばやく読み取り、載せるか載せないか、載せるとすればどの紙面で、どれぐらいの大きさで扱うかを判断し、見出しも決める。原稿に勝手に書き足すことはできないが、削る権利は持っている。大変に重要な部門だが、記事が書けないだけに、多くの記者は敬遠したがる部署である。私も同じだった。生活はがらりと変わった。

刷れば刷るほど新聞が売れたころである。朝日新聞社は朝刊一四～一六ページを一挙に二四ページにしようとしていた。とくに活版・印刷などの現業部門で人が要る。それも熟練者が欲しい。大募集がかけられた。一般紙、スポーツ紙、業界紙などから、経験者が次々に入ってきた。整理マンは毎日、彼らと一緒に仕事をする。最初、彼らは「給料がこれまでの二倍だよ。多すぎるよ」と言っていた。ところが二カ月後には「ここの仕事はきつい。二倍もらって当然だ」とぼやき始めた。朝日新聞社の活版・印刷部門には名人芸の人が多く、行間の一ミリまで気を配る厳格さには当時から定評があった。七〇年九月、二四ページ体制の実現の直後、私はまた政治部へ戻った。

空前の部数増は、なぜ?

六〇、七〇両年代ほど新聞が勢いよく部数増を続けたことは過去になかったし、今後もないだろう。それは異常なほどだった。団地ができると、いっぺんに一〇〇〇部単位で増える販売店もあった。もちろん部数増の牽引役は、大都市とその近郊を軸とする朝・夕刊セット販売のセット地域だったが、朝刊だけの統合版地域でも相応の伸びがあった。これには、地方にも産業の核をつくろうとの趣旨で六三年七月、政府が指定した岡山県水島など一三カ所の「新産業都市」ブームが、いささかの貢献をしている。とにかく当時は「座っているだけで売れた。購読の申込みに自分のほうから店にやってくるんだ」とか「(購読料の)集金が多すぎて販売店ではリンゴ箱に足でぎゅうぎゅう詰め込んだ」といった話まであった。「そこまでではないにしても」と、大阪府高槻市で一〇〇年以上も続く老舗の販売店所長の笹井憲が述懐する。

「一九六〇年前後から八〇年までの約二〇年間、大阪、神戸とその近郊へ人口の大移動が続きました。まず公団住宅ができる。すると、それが核となって、雨後のタケノコのように新興住宅ができる。民間のマンションができる。新聞を読みたい人は多かったから、的確な仕事さえ心掛ければ、やればやるほど新聞の購読者を増やすことができました」

「でも世間も好景気だから、質のいい店員を集めるのは容易でなかった。極度の労務難でした。人の確保にかけるお金は膨大で、なかなか濡れ手に粟というわけには参りません。集金の持ち逃げが頻繁に起こった、ということも聞きましたよ」

部数の伸びにかぎって言えば、六〇〜七〇年代が新聞の黄金期だった。それをもたらしたのは、新聞専売店制度の確立にともなう「戦後第一期の大販売競争の成果」というのが従来の通説である。たしかに発行部数が何百万部の時代になると、編集の力だけで伸びていくのはむずかしい。新聞拡販の推進力は販売部門であり専売の販売店であった。半面、洗剤などの拡販材料を使った販売競争は激烈をきわめることになった。ルールができる。破る。正常化を誓約する。またルール破り。正常化の再宣言。またまたルール破りが出てくる。愚直に守る新聞社がばかをみる、との不満も高まった。販売協定を結んでも、どこかが抜け穴をさがして裏をかくのだ。のちに私は会社から国際間の軍縮協定の勉強を命じられるのだが、その際、改めて知らされたのは、軍縮・新聞販売の両協定は実によく似ている、ということだった。

だが、この空前の部数増を単純に販売競争の成果だけで説明することはできない。現にその後、何回となく大販売競争が繰り広げられているが、このような黄金期は二度と訪れていない。販売担当者や販売店の努力は否定しえないにしても、この時期、人びとをして新聞に走らせた真の理由がほかにあるはずである。それは何か。

近代化・中央集権化・大衆社会

歴史的に見て、日本の新聞は二〇世紀に適合する条件を備えていた。

第一は、急ぎ足の近代化と新聞の相関関係である。明治以降、富国強兵へ向けて疾走する日本は、高学歴層の拡大に努める一方で、義務教育制度の充実など広範な階層のレベルアップにも力を注いだ。それなくして日本資本主義の確立と発展はむずかしかったからである。その結果、新聞を十分に読みこなせる大衆が誕生した。東京日日新聞(毎日新聞の前身)は日清戦争前後に大躍進するのだが、その理由のひとつは「新聞小説」であり「戦時通信」だった。相当に高いレベルと言わなければならない。大衆の勤勉さと向学心が新聞の拡張に大いに役立ったのである。

第二は、中央集権化への適合である。東京政府が確固たるものになるにつれて、主要な新聞の拠点もすべて東京に集中した。政府が国家情報を独占し、東京から発する指示命令によって府県・町村を支配したように、新聞は政府から得た情報を独占的に地方へ流す。独占化、集権化、画一化という点で両者は似ていた。新聞にとって、これが最も有効にはたらいたのが戦争報道である。事実、戦争のたびに新聞の読者は増えた。

第三は、大衆社会の生活や行動に新聞がマッチしたことである。大正時代、第一次世界大戦が終わると日本は工業国家へと動きだした(一九一九年、工業生産額は六七・四億円、農業生産額は四一・六億円)。五〇年後とは比較にならないまでも、大量生産・大量消費の時代である。サラリーマン社会が形成され、消費生活も充実してきた。こうした時世に新聞はうまく乗った。飛行機を飛ばした。全国中等野球大会を始めた。相撲報道にも努めた。さらに将棋・囲碁に力を入れ、紙面に常設欄まで設けた。

こうした歴史と体質を持つ日本の新聞である。明治・大正時代とはスケールが違う昭和の経済成長。それにともなう人口の都市集中。これも質的に違う本格的な大衆社会の到来。この三つは躍進への大きな追い風になるはずであった。以下、それを検証してみよう。

高度成長と社会変動

高度経済成長は農村を解体し、その担い手たちを解体した。巨大都市はさらに膨張し、地価が上昇すると、周辺部のスプロール化は必然だった。きのうまで農村と言われていたところの宅地開発が爆発的に進む一方、さまざまな工場が相次いで進出して、都市と農村の境界は著しくぼやけてきた。農民のなかからは、農地の売却で得たカネをもとに農村から離脱を図る人が増え、六〇年、一四五四万人だった農業就業人口は、七〇年には一〇二五万人、七五年には七九一万人、八〇年には六九七万人となった。二〇年間で半減である。農業をやめた農家の子弟の多くは都会ないしその近郊へ移住し、新しい都市型の家庭を築いていった。そうした都会の新参者が後にあこがれることになる東京・多摩ニュータウンの造成は、六六年に始まっている。

七〇年、日本の第一次産業人口は二〇%を割った。社会学者の正岡寛司によると、この年、賃金給与収入によって生活する世帯が普通世帯(寮・社会施設などの「準世帯」以外のすべての世帯。親族世帯・非親族世帯・単独世帯に分かれる)に占める割合は六六%だったが、七五年には約七〇%に上昇、「国民のほとんどが労働者ないしサラリーマン化した社会が実現した」。さらに正岡は二つの興味ある数字の変遷を紹介している。

第一は直系家族世帯の比率である(直系家族世帯とは、後継者である子ども一人だけが結婚後も親と同居している世帯のこと。普通世帯のなかの親族世帯は、この直系家族世帯のほか、夫婦と未婚の子どもから成る夫婦家族世帯と、その他の親族世帯に大別される)[1]。五五年にはこれが全体の三三%を占めていたのが、七五年は二二%、八五年は二〇%に落ちた。第二は核家族世帯率である。日本では一九二〇年から六〇年までの四〇年間、世帯規模は五人弱でほとんど変化がなかった。一方、核家族世帯(夫婦のみ、夫婦と未婚の子、片親と未婚の子、の各世帯の合計)の普通世帯に対する比率は、実は二〇年にすでに五四%を占めており、しかも六〇年までは漸増しながらも五〇%台を出ていない。しかし、核家族世帯率はそのあと上昇し、七五年には六四%に達している。正岡が指摘するように「成長した子どもたちがつぎつぎに親の家族を離れて独立していくという生活周期がひろく人々にうけいれられるようになった」(2)

核家族世帯六四%という数字は全国の平均値である。農村を主とする地方からの移住者の多い都会とその近郊に限定するなら、その比率はもっと高いはずである。加えて、高度成長を支えるためには若い労働者が必要で、都市とその近郊には未婚の単身者世帯、会社寮生活者が激増していた(当時、集団就職列車というのがあり、地方の中学の新卒者を敏速に、大量に、東京・大阪・名古屋方面へ送り込んだ)。では、東京や大阪へ地方から移住した人たちは、それが所帯持ちであれ独身者であれ、どういう意識のもとに都会生活を始めたのであろうか。

国民総中流意識の広がり

『社会階層の構造と過程』(社会階層と社会移動全国調査委員会報告書第一巻)は、社会の階層を、専門、管理、事務、販売、熟練、半熟練、非熟練、農業の八つに分け、それぞれの平均教育年数を掲げている。それによると、五五年には管理層の一二・八年を筆頭に専門、事務、販売の各層は一〇年を超えているが、他はすべて一〇年以下、とくに農業層は八・二年である。七五年でも、非熟練層九・八年、農業層九・七年と一〇年に達していない。二五歳から三四歳までに限ってみると、農業層は五五年が八・五年、六五年が九・七年。七五年になってやっと一〇・九年である。(3)

高度成長期に都会とその近郊へ出てきた大量の人びとが、すべて非熟練層や農業層だと断定することは危険である。しかし、比較的そういう人が多かったということは言える。例えば、出身地で最終教育を受けて、出身地以外の地域に移る人たちについての研究結果がある。それによると、一九六〇年代初頭の彼らは教育年数が比較的低く、かつ平均年齢が高い。「多くは農家の次三男で都市へ流出した中高年の人びとだと思われる」(4)

神経の休まる暇もない、騒々しい孤独な都会で、彼らは必死になって都市の勤労者になりきろうとした。周囲にいるのは、自分より上の学校を卒業した人ばかり。話が合わない。でも、話の輪に入りたい。どうしたら彼らの話題についていけるか。書籍はむずかしそうで手が出ない。週刊誌が隆盛を極めるのはもう少し先のことである。手っ取り早いのは新聞であった。

実際、家庭にしろ職場にしろ、このころまでは新聞記事が情報の先端をいっていた。いまの若い世代には信じられないかもしれないが、職場の昼休みや夕食時の茶の間の話題は、たいがいが新聞記事によるものだった。マンガ『サザエさん』の世界である。あわせて、狭い町や村と違い、東京や大阪は意外に情報砂漠だった。区役所も保健所も遠く、予防注射だ、入園・入学だといった暮らしの情報を得るのも楽ではなかった。ここでも新聞が必要だった。新聞は彼らにとって都会で生きるための教科書であり、便利帖だったのである。

おりしも日本は大衆社会の到来期を迎えていた。社会学者の富永健一によれば「日本における大衆社会の出現は、とりわけ戦後改革と高度経済成長という二大イベントの産物に帰せられる」。五五年以降、大衆社会論が導入されたとき、日本の現実においては、それはまだ入口の段階だったが、しかし「それが本格化したあとでは、日本のそれは西ヨーロッパやアメリカよりもいっそう徹底してすすんだ」(5)。所得水準が上がり、生活様式は豊かに均一化されていった。こうして国民総中流意識が広がっていく。総理府の統計「国民生活に関する意識調査」では、自分は「中」の階層に属すると答えた人の割合は、五八年の七二・四%が七九年には九一・三%に達した。

この国民総中流意識が新聞の普及に貢献した。

暮らしと情報の平準化

まず、総中流意識の背景を探ってみよう。九一・三%という数字は当時、「電化製品をそろえ、居間にソファーを置いただけ。それで中流とは何ともいじましい」と嘲笑された。だが、そうだろうか。これは激変の六〇、七〇両年代、なんとか「人並みに」暮らしたいという庶民の、とくにあらたに都会で暮らすことになった人びとの、願望が生んだ数字だったのではないか。人より上でなくてもいい、しかし下にはなりたくない。「中」の、しかも「中の中」のクラスにわが身を置きたい、それによって仲間はずれにならない保証を得たい。だから、隣家がテレビを買えばわが家も買う、娘の友人がピアノを習い始めたらわが家の娘にも、となる。孤立を恐れる社会では「個」より「群」が優先するから、暮らしは限りなく似てくる。暮らしの平準化だ。

それは情報の平準化でもあった。均一の情報、だれもが共有する情報でなければ不安になる。自分だけが知っている特殊な情報もいいが、一般家庭では、それよりみんなが知っていて、近所で、職場で、折りにふれて話題になる情報が、まずほしい。その共通情報を提供する主役は今日ではテレビだが、当時は新聞である。新聞は、だれもが、どこでも読める特技を生かして、読者に均一の情報を提供し続けた。これさえ読んでおれば安心だった。事実、あのころは「新聞に書いてあった」といえば、庶民の間でのたいていの口論は決着がついた。新聞は審判官であり、同時に暮らしの潤滑油だった。人びとが競って新聞を購読したはずである。

そのかわり、新聞はどれも金太郎飴のように似たものにならざるを得なかった。たとえばA家はA紙を購読し、B家はB紙を購読しているとしよう。A・B両家の主婦が午後のお茶を飲みながら新聞記事を話題にしている。すると、A紙にはB紙に載った記事がないことがわかる。A家の主婦は不満だ。不安でもある。そこで、わが家もB紙に替えようとなる。私も何回かこんな電話を受けたことがある。これは新聞社にとって悪夢である。勢い、紙面は品ぞろえを豊富にし、何でもありますす式になりやすい。情報の内容だけでなく、一面は硬派の総合面、最終面はテレビ面といった紙面構成や企画記事のスタイルまで、限りなく似てくる。せっかく工夫してつくった「斬新な」紙面が、翌週にはそっくり他紙にまねられたこともあった。

均一な情報、特オチ(特ダネの反対。一社だけが抜かれてニュースを落としているケース)のない紙面、だれもが読めるかわりに深みに欠ける文章。これで売れるのだから、当初は読者も満足、新聞も満足だった。しかし、これは新聞にとって麻薬のようなものである。それでいいとなると新聞の独自性は薄れ、結局はどの新聞を購読しても同じ、となっていく。どの新聞社も、お宅一筋という昔からのお宝的な愛読者を持っている。購読者の「コア」とも言うべき大事な彼らから、おまえのところは紙面(編集)ではなく勧誘(販売)で売るのか、とか、新聞が退屈になった、といった苦情が出てくる。

広い階層から多くの読者を獲得しようとして採った手法が仇《あだ》となり、結果的には良質の読者を失っていく。ある販売店の所長によると、一つの新聞以外には目もくれないコアの読者はいまでは四割を切ったという。しかも、そういう人たちまでが「長期購読者へのサービス」を要求するまでになった。悪循環である。これに拍車をかけたのが、意味を取り違えた客観報道の蔓延であり、行政機関ごとに置かれた記者クラブの存在であった。

「せめて新聞ぐらいは」

もうひとつは社会学者の佐藤俊樹がいう「可能性としての中流」(6)である。大衆社会の到来は結果的に教育水準を引き上げ、ますます学歴が上・中流へのパスポート化してきた。しかし、親である自分はもう間にあわない。このまま下積みで終わるが、せめて子どもにはいい学校へ進ませ、学歴をつけさせ、より高い階層へ入れてやりたい。そのために必死に働いても自分には悔いはない。こういう期待の継承的な立身出世願望は明治時代以降、日本ではとくにめずらしいことではない。しかし大衆社会の特徴は、その裾野をとてつもなく広げたことにあった。この親の気持ちが日本の学習塾に極度の繁栄をもたらしたのだろうが、経済的に塾にやれない家庭でも「せめて新聞ぐらいは」購入して、勉強させてやりたいと思ったことだろう。だから新聞は教育材でもあった。

佐藤は自らの体験をもとに「ぜんぶ見なくてもなぜか購読していた、という意味で非常に不思議な事態だった」と語っているが、私も秋田支局時代、全国紙をとりながら、親が見るのは農産物市況欄とテレビ欄ぐらい、という家庭をいくつも見た。しかし、佐藤が鋭く指摘するように「新聞を読むことでパワー・ストラクチャーの外へはじき飛ばされなかった人たちが、戦後の社会にある厚みをもって存在している」ことは事実である。新聞は、国民総中流意識に夢を託した人びとの教科書になり得たし、また、それだけの効果を発揮したのである。

2　新聞の曲がり角と保守回帰

新聞離れはなぜ起きたか

新聞にかげりが出てきたのはいつごろだろうか。部数で見るかぎり、新聞の曲がり角は七〇年代末から八〇年代初頭にかけて訪れている。日刊紙の総発行部数(朝・夕刊セット換算の一般紙とスポーツ紙の合計。カッコ内は六五年を一〇〇とした指数)は、七五年が約四〇五一万部(一三六)、八〇年が四六三九万部(一五六)、八五年が四八二三万部(一六二)。八〇年代に入ると依然増えてはいるが以前の勢いはない(図2)。もっとも財政的な曲がり角は少しずれている。新聞業界の総売上高の伸び率は八五年の一・五%から八九年の一〇・一%まで一本調子である。しかし、ここでもこれがピーク。九一年には〇・二%に落ちた。こうしたことを勘案すると、新聞危機の芽はすでに部数が飛躍していた七〇年代半ば、恐らく七五年ごろに出ており、それが八〇年代に入って決定的になった、と見るのが妥当であろう。

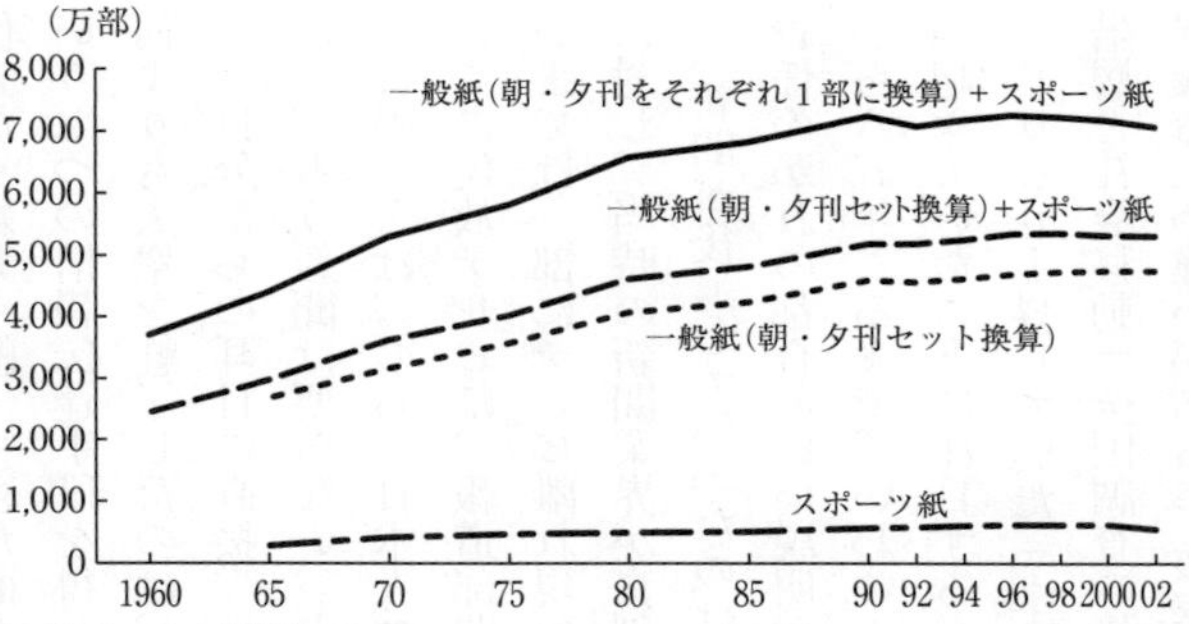

資料：日本新聞協会

図２　新聞発行部数の推移

新聞離れの起点が七五年ごろ、もっと広くとって七〇年代後半から八〇年代前半にあるとすれば、なぜそうなったのか。あれほど新聞に頼っていた人びとが背を向け始めたのである。その背後で何かが起きていたはずだ。この時期の人びとの暮らしと意識、新聞とその環境にどんな変化があったか、追ってみる必要がある。

テレビの本格的な普及

まず、これはだれもが指摘するところだが、テレビが本格的に普及して新聞の情報独占時代が終わったことである。テレビは六〇〜七〇年代に、日本中のほとんどあらゆる家庭に広がった。カラー化がほぼ完了したのが七〇年代半ば、八〇年代以降には音声多重放送、ハイビジョン放送、衛星放送など、ますます多彩になっていった。それまでは新聞に不満を抱いたとしても、それ以外にニュースなどの情報を得る手段がほとんどなかったから、仕方なく新聞に頼ってきた面があった。だが、テレビの普及で、人びとは初めて活字と映像という二つの情報伝達手段を得た。テレビは新鮮だった。娯楽性に富み、速報性にすぐれていた。何よりも大衆を魅了したのは、労せずして、つまり「読む」という主体的な行動をとらなくても、自分たちの耳目に直接、テレビが情報を送り込んでくれることだった。こんな楽なことはない。もう新聞は要らない、という層が増えたのは当然である。

このことは、のちに日本人の思考能力に大きな影響を与えることになる。もっともテレビ、とくに民放テレビは、報道部門に巨費を投じて育成強化する方向を好まなかったこともあって、いまでは一部にテレビ離れ現象を起こしているが、それはともかく、この脅威的な媒体の浸透に対し、当時の新聞業界が真剣に、危機感をもって、戦略を立てたとは言い難い。

「新聞が後退していったのはテレビのせい」というのは分かりやすいし、新聞界にとっても責任のがれの都合のいい説明かもしれないが、それでは皮相的に過ぎよう。肝心の七五年ごろから八五年ごろまで、いわゆる昭和五〇年代には、日本の深層部分でこれまでにない地殻変動が起きていたことに注目する必要があろう。

じりじり上昇していた「中」意識の持ち主が七六・四%とピークに達するのが七五年(「社会階層と社会移動」全国調査の研究代表・盛山和夫による。総理府の数字とは調査の仕方などが異なるため違いがある)。核家族率が六四%と、それまでの最高になるのも七五年である(なお、一九九〇年の核家族率は、調査方式による違いがあるが、七七・六％もしくは八一・六％に達している)。各種調査を見ると、この一九七五年あたりから日本人の意識と行動にはっきりとした変化が出てくる。

青年層の意識の激変

ＮＨＫによる世論調査の結果を見てみよう。ＮＨＫは七三年と七八年、全国の一六歳以上の約五四〇〇人を対象に、可能なかぎり同じ条件で日本人の意識を調べた。その調査報告が『日本人の意識』(7)『第2　日本人の意識』(8)だ。七五年をはさんで前後数年間の心の動きを知るには格好のデータ集である。対象を青年層に絞って、その変化を追うことにする。

『第2　日本人の意識』によると、七三年、七八年を比較して最も顕著な変化は宗教意識にあった。祈願する、お守りを持つ、神や仏を意識する、すべてが上昇している。いずれも「〈近代化〉が進めば進むほど減少するはず」と考えられてきたものである。

それに若い人たちの不満が大きく減った。調査では生活満足度を、①個人・物質面、②個人・精神面、③社会・物質面、④社会・精神面、⑤総合評価、に分けて聞いてみた。

どの項目でも満足度が上がっていた。総合評価での「満足」は七三年が七六％、七八年が八五％である。いちばん満足度が低い社会・物質面でも、七三年の五五％が七八年には六七％になった。興味深いのは一六〜二九歳の男子サラリーマン層の変動だ。七三年には「個人」「社会」とも半数以上が物質面での不満を抱いていたのに、七八年には個人・物質面の不満は三〇%に、社会・物質面の不満は三二%に激減している。

こうした現状満足感が政治意識を変えた、と思わせる調査結果がある。設問は「この地域に住民の生活を脅かす公害問題が起こったら」あなたはどうするか。

〔静観する〕

①青年層全体＝七三年一七%から七八年二四%へ。②革新支持で二〇〜二四歳の男子＝二一%から二六%へ。③革新支持で一六〜一九歳の男子＝二%から二八%へ。

〔有力者に依頼する〕

①二九%から三六%へ。②一八%から四二%へ。③二四%から三八%へ。

〔運動を起こす〕

①五〇%から三七%へ。②五九%から三二%へ。③七〇%から三一%へ。

昭和五〇年代、日本の若者の間に激しい意識の変化が起きていたことが、これらのデータで見てとれる。これをひとことで言えば、自己中心で現状肯定的、変革はいいとしても自らは手を下さず他力依存型、ということになろうか。七〇年安保闘争の敗北で挫折感を味わった若者たち。下積みの自分たちを救ってくれると信じていた革新政党の正体に絶望した若者たち。急速に広がるカネ万能・快楽指向の雰囲気に慣らされていく若者たち。「青年たちはもはや近代に反乱はしない。ただ近代に飽和している」と結論する調査報告は、この時代の青年層の意識を「〈母なる現実〉への依存(甘え)」と「近代合理性への飽和」という二つのフレーズで巧みに表現している。

潮の流れと新聞

意識や行動の変化を善悪で論じても始まらない。ただ、ここまで変わった青年層は、これまで読んできた新聞の主張や報道のスタイルに疑問を持ち始めたはずだ、ということだけは言える。ここでも問題は一つだ。新聞がそうした潮の流れを確実につかみ、その時代にマッチした紙面づくりに励んだかどうかである。新聞離れの現実は、そうした努力がまるで足りなかったことを意味していた。

もちろん、そこは新聞記者である。周囲の若者の意識が保守化し、甘えの行動が増えていることは、多くの仲間が承知していた。しかし、他は知らず、すでに年齢的には中堅の政治記者だったにもかかわらず、いや、だからこそというべきか、私は当時のそうした風潮をマイナスイメージでとらえ、「憂慮すべき」ことと、「変えなければいけない」こととととらえ、それを変えるのが政治だ、ととらえていたように思う。若者たちが政治に絶望し逃げ出し始めていたころ、彼らの意識の深層部分にまで分け入ることなく、永田町の政治だけを追っかけ、それが日本を変える一歩だ、と考えていた。日のあたらない地方や人びとを記者が訪ねてルポし改善策を提示する企画をたて、例えば「ここに政治を」というシリーズでは奄美大島に出かけ、毒蛇ハブの被害の実態を記事にしたこともあった。しかし、それは若者が最も嫌った「上からの」政治報道の一端だったのかもしれない。つまりは記者が読者の真の姿を知らなかったのだ。

俵万智らの文体

記者の読者知らず。このことを別の角度から、記事の文体を材料に考えてみよう。刺激をあたえてくれたのは斎藤美奈子の『文壇アイドル論』(9)である。

学芸部記者は別にして、私を含む政治部や経済部の現役・OB記者の多くは、俵万智、吉本ばななな、林真理子の熱心な読者ではない(と思う)。だから以下は、引用を含めてすべて斎藤の本に教わったことだが、何より驚いたのは、評論家の川本三郎が八八年に吉本ばななの小説を評して「吉本ばななは余計なことは書かずに一気にこう書いてしまうのだ。「すごい美しさだった」。負けた。この率直さはほとんど過激である」と書いていることだった。記者が「すごい美しさだった」などと書いてきたら、新聞社のデスクは「すごい? 何がどうすごいんだ。そこをきっちり書け」と怒鳴りつけるだろう。

斎藤はまた、俵万智を論じた個所で「文の短さ」を問題にする。「八〇年代は意外と「ことばの時代」だったのです。それらは「軽み」「ライト感覚」といった曖昧なことばで説明されるものでした。しかし、そもそも「軽み」「ライト感覚」とは何なのか。／「軽み」を構成する第一番目の要素は文字どおりの軽み、つまり文の短さです」

小説と新聞記事はもちろん違う。それは分かっている。だが当時の新聞は、こういう幼児的表現が読者に受け入れられ、評論家に絶賛されていることを、あまりに知らなすぎた。知っていても当時の私は受けつけなかったと思うが、新しい新聞をつくるうえでの感性だけは感じとれただろう。新聞記事は正確で論理的かもしれないが、マンガ世代が飛びついてくるような情緒性を持ち合わせていない。文章は硬く、一節一節が長く、わかりづらい。読者は読む前から逃げ出してしまう。

短文化。ライト感覚。これは一方で日本人の思考回路に微妙で大きな影響をあたえており、これは文章論を超えた問題に発展しつつある。このことについては、この章の最後でもう一度、考えることになるだろう。

もうひとつ、八二年に出版された林真理子のエッセイ本から。

「今回私がこういった本を書くことになったのは、ひがむ一方だった女からの反撃なのである。だいたいね、女が書くエッセイ(特に若いの)とか、評論っぽい作文に本音が書かれていたことがあるだろうか。(中略)ヒガミ、ネタミ、ソネミ、この三つを彼女たちは絶対に描こうとしないけれど、それがそんなにカッコ悪いもんかよ、エ!」

こんな率直な文体、あるいは率直を装った文体が若い女性に歓迎されている。これまでの尺度からすれば、これは品のない文体である。新聞がこんな書き方をすることはない。しかし、新聞がどのページも同じ文体である必要もまたないのだ。読者が好む文体に新聞が無関心だと、読者は新聞にそっぽを向く。

新聞批判の原型

そのとおりだった。激しく変わりつつあった昭和五〇年代の日本人、とくに青年層は、新聞をより批判的に見るようになり、これまで以上に新聞に寄りつかなくなっていった。日本新聞協会が一九八三年(昭和五八)五月に実施した調査[10]は、そのきびしい実態を浮き彫りにしている。興味深いのは、このところ一段と高まってきた新聞批判の数々の原型が、すでにこの時点で明確にできあがっていることである。

一〇人に四人は、新聞は個人の私生活や人権に気を配っていない、という。

一〇人に三人は、いろいろな立場の意見を公平にとりあげていない、と思っている。

四人に一人は、新聞には読者の意思が反映されていない、と見ている。

では、新聞は信用できるか。「できない」は一六％。少なくてほっとする。だが、積極的に信用できると答えたのは一八％にすぎず、五五％は「消極的に」だ。

すでにこの時点で人びとは人権問題に敏感になっている。実は、人権についての項目はこの時の調査で初めて入ったのだった。人権問題について、いかに新聞界の認識が鈍かったかを象徴するような話である。

新聞を読んでいない人に、調査はその理由を問うている。その答えは、むずかしい、字が読めない、忙しい、などだ。ほかに多いのは「テレビで間にあう」。では、各メディアに対するあなたの評価は。掲げた一二の項目のうち、新聞が一位になったのは七つあった。くわしい情報を知ることができる。仕事に役立つ。情報量が多い。情報をいろいろな角度から確かめられる。買物の参考になる。自分の判断や意見の参考にする。信頼できる――である。テレビの首位は四項目と数こそ少ないが、肝心の「情報が正確だ」でテレビは新聞に勝っている。

繰り返すが、ここで指摘された新聞の問題点は、大部分がいまも残されたままである。いや、のちに詳しく見ていくように、事態はさらに深刻になり、新たな難問も次々に出てきている。例えば、情報の正確さこそ新聞の生命だ、と言われてきたのに、人びとは新聞よりテレビの情報のほうが正確だ、と答えている。新聞にとって不名誉なことで、その挽回は急務である。ただ、この調査で新聞が、詳細な情報の収得、各種情報の吟味、決断のための情報の三点でとくに評価されているのは重要だ。多メディア時代、この特性こそ新聞の独壇場であるべきで、その成否は新聞の将来を決めるかもしれない。

3　新聞離れと若者の生活

若者の新聞離れ

新聞を批判的に見始めた読者は、その後どういう行動をとったか。新聞を見捨てていった。とくに若者は大挙して新聞から離れていった。

新聞普及率というのがある。日刊紙を月ぎめで購読している世帯が総世帯のうちにどれぐらいあるか、その比率のことだ。一九八四年、この普及率は全体で九七％だった。一〇〇軒のうち九七軒が新聞を毎日とっている。日本が世界に冠たる新聞王国であることはよく知られているが、それにしても大変な数字である。これが達成された背後には「一販売店は原則として一新聞しか扱わない」という新聞専売店制度の確立があった。販売競争は激しくなった。販売のベテラン笹井憲は、当時の様子をよく覚えている。「人はどこかに住みさえすれば、家族持ちであれ独身であれ必ず一般紙を読むものだ、という意気込みでライバル社と競争を続けた。国民皆兵ならぬ「国民皆読」の意識でしたよ」

ところが、中央調査社のマスメディア・リサーチ（MMR）によると、九一年までは何とか九七％台で推移していた新聞普及率は、九二年から低下し始めて九九年には九四・六％になった。とくに若者がひどく、例えば世帯主が二四歳以下の世帯の普及率は、八四年に九〇・四％であったものが九九年には五三・四％まで急落した。彼らの世帯の半数が新聞を購読するのをやめたのだ。一五年間で三七ポイントの下落だが、うち三三ポイントは八九年以降の一〇年間で落ちているから、新聞離れに加速がついている。世帯主が二五歳から二九歳の世帯も似たようなものだ。普及率は八九年以降毎年低下し、九九年にはこの層の四分の一が新聞をとっていない。

それは若者だからだ、年齢を重ねると新聞をとるようになるよ、と言われるかもしれない。そんな楽観論もあるにはある。だが、数字は正直だ。八九年に二五～二九歳だった世帯主は、九四年には当然三〇～三四歳になり、九九年には三五～三九歳になる。その世帯の普及率を順番に並べると、九四・六％、九二・一％、九二・七％。このまま進めば、二〇〇四年には、三〇～三四歳世帯が七五％に、三五～三九歳世帯が八七％に落ちると推測される。若いうちに新聞購読の習慣をつけないと、新聞離れはもっと進む。新聞関係者はそう信じておびえている。

世帯数の伸びと部数

核家族化が進んだこともあって、日本の世帯数は増え続けている。九一年の四一八〇万世帯は二〇〇一年には四八〇〇万世帯になった。「国民皆読」でいくなら、当然、世帯増と並行して新聞部数も増えなければならない。先ごろまではそうだった。新聞の部数の伸びは、その間の世帯数の伸びを上回ったものである。それが、今世紀に入ったあたりから違ってきた。新聞が世帯ほど伸びないのだ。だから、一世帯あたり、九一年は一・二四部だったのが、二〇〇一年には一・一二部に落ちた。二〇一一年には間違いなく一部を切るだろう。新世帯が、とくに単身世帯が、新聞をとらなくなった、読まなくなった、と見る以外ない。

その単身世帯で一定の比重を占めるのが、親元を離れた大学生である。彼らが新聞を読まなくなったと言われて久しい。身近で経験することでもある。二〇〇二年の新聞大会では、就職期になったので新聞を読み始めたが「頭が痛くなった」大学生、「難しい言葉がいっぱい出てくる。一つ一つに解説をつけて」と注文をつけた大学生の話が報告された。東大教授出身の総務省審議官・月尾嘉男は毎年、東大の受講生を対象に定期購読物の調査をしているが、新聞購読は前年一四%だったのが二〇〇一年四月、とうとう一〇%を切った。そんなことも話題になった。

無読層の増大

朝日をやめる、読売をやめる、というのはまだ救いがある。かわりに毎日なり産経をとってくれる可能性があるから。でも、新聞そのものが要らないとなると、これは深刻だ。

新聞販売業の笹井憲が、無読層の存在に気づいたのは九六年ごろだった。ある区域で読者管理と営業を担当している専業従業員から「新聞は要らないという人が出てきました」という報告を受けた。これまで、A紙をB紙に替えるという人はいた。悔しいが仕方がない。こっちもがんばってB紙の人をA紙に鞍替えさせるだけだ。ところが、こんどはA紙をB紙に替えるのではない。A紙もB紙も、新聞とにかく新聞と名のつくものはすべて不要だという。これでは手の打ちようがない。

「私が現場で営業活動をしていたときも、読む暇がないから、ほんまは新聞は要らんのやけど、義理もあるしなあ、という家庭が結構ありました。義理を絡めればまだまだ大丈夫といった認識だったのです。無読層の増大はそれとは根本的に違う。まず独身者の無読、いろいろと対応してきたけど、これはある意味であきらめざるを得ません。しかし、バブルがはじけたあたりから、家族層にまで波及し始めた。これはもう、販売店だけで片付けられる問題ではない。読者意識の構造的な変化です。ここを的確に把握し、分析して正しく対応しないと、無読化は着実に進んでいきます」

笹井は続ける。「独身者の場合、ぎりぎりまで寝ている。慌てて起き出すと、まずテレビをつける。それを聞きながら身支度を整え、朝飯も食わずに飛び出していく。こんな生活に新聞が入り込む余地がありますか。日本人の生活形態が根本的に変わった。こんな状況をあなたはご存じですか」

若者の暮らしと関心

彼らの生活がいかにあわただしいものであるか。各層の生活者の暮らしを定期的に追っている大手の広告代理店・博報堂が八四年に調査した結果がある。これが平均的な姿かどうかは意見の分かれるところだろうが、特徴は出ているようなので、そこから彼らの一日の暮らしぶりを紹介する。カッコ内は当人のつぶやきである。(11)

中高卒男子社会人＝六時二〇分起床。六時三〇分「ルンルン朝6」を見ながら寝癖をなおし、六時四〇分バイクで家を出る。途中でおにぎりと朝日新聞を買う。八時、始業三〇分前に到着、おにぎりを食べながら新聞を読む。帰宅二〇時三〇分、零時就寝。

中高卒女子社会人＝六時起床。六時三〇分髪をセット。七時に家族と朝食、新聞を読む(「仕事いくのイヤだな。食欲がないなー。〈テレビを見て〉あっ今日はアルフィー出ないな」)。八時会社へ、八時五〇分社着。帰宅一八時、就寝一時。

大学卒男子社会人＝八時一五分起床(「起きるのがつらい」)。八時二五分洗面、出社の準備。八時四〇分、朝食抜きで家を出る(「母は心配するが、朝は食い気より眠気だ」)。一九時四〇分帰宅、一時三〇分ラジオ・テープを聞いたあと就寝。

大学卒女子社会人＝七時三〇分起床。八時、一人で朝食。八時二〇分に出て九時社着。皆に入れるお茶の準備(「どうして私がやらなければならないのよ」)、一〇時仕事開始、一七時終了。一七時一五分社を出る。帰宅一八時三〇分、就寝二三時三〇分。

それから一五年ほどたった九九年三月。朝日新聞社は、東京駅を中心に半径五〇キロ圏内の一八〜六九歳の男女二四〇〇人を対象に「生活と情報に関する調査」をした。最も関心のあることは何ですかという設問に、約八割が「事件やできごと」をあげた。以下、健康、環境、経済の動き、政治の動き、旅行・レジャーと続く。年代別に見ると、三〇歳代から六〇歳代までは、高低や順位に違いはあるものの、上位一〇分野はだいたい同じだ。

ところが一八〜二九歳はがらりと変わる。順位は、事件、音楽、流行、おしゃれ・ファッション、スポーツ、旅行・レジャー、環境、飲食店・うまい店、芸能・タレント、就職・アルバイト情報、と続く。経済の動きは一二位、政治の動きは一六位だ。一位の「事件」を除いて、どれもが日本の一般紙がこれまで積極的でなかったテーマである。新聞が若者に敬遠されるはずだ。

高級紙と大衆紙が明快に区分されている欧米諸国では、こんな問題は起きないだろう。だが、日本の一般紙は高級紙・大衆紙の双方を兼ね備えた性格を持つから、こうした若者の「反乱」

に大いに悩まざるを得ない。

厳しいメディア観

だが、新聞に厳しいのは若者だけだろうか、という疑問がふくらむ調査結果がある。全国の一八～六九歳の男女六五〇〇人を対象に、九八年二～三月に実施した朝日新聞社の「第四回新聞読者基本調査」である。世の中のできごとを正確に報道しているのは？　日常生活に役立つ情報を十分提供しているのは？　こんな問いを掲げて、最もあてはまると思うメディアを新聞・テレビ・雑誌から選んでもらう。この回の調査の特色は、選択肢に「あてはまるものがない」を加えたことだった。鮮烈な結果が出た。

弱者や少数者に目配りしているのは？　読者・視聴者の意見を十分に反映しているのは？　広告が信頼できるのは？　いずれもいちばん多かったのは「あてはまるものがない」だったのだ。辛うじて「報道内容が信頼できる」は「新聞」がトップだったが、次はこれも「あてはまるものがない」。ここまで人びとのメディア観は厳しくなっている。

日本人の意識・行動が変わり、青年層を中心に新聞離れがはっきりし始めたころ、私たちはどんな紙面をつくっていたのだろうか。新聞が敬遠されるようになった理由は、販売店との交渉がいやだ、すぐたまってしまい面倒だ、読むと手が汚れるから嫌いだ、などとさまざまだが、紙面の問題もそれに劣らず大きかったはずである。新聞はその間、読者に嫌われるような紙面をつくり続けていたのだろうか。

各紙の「企画もの」

ここで「企画もの」と呼ばれる連載記事を素材に、少しさかのぼって検証してみよう。なぜ企画ものかというと、ある事件・事象についての新聞の姿勢や意欲が、ここに集中的に表れることが多いからである。なかでも元旦ないし三日からスタートする年間企画は重要だ。多くの新聞社の編集局は毎年、年末までに翌年の課題を定め、それをテーマに一年間、総力をあげて取り組むことにしている。これが年間企画である。

五九年、安保改定の前年、朝日新聞はとげとげしくなる年を予想してのことだろうか、元旦から一八回にわたって「ユーモアへの招待」を連載している。三日からは「消費者こそ王様」を一四回。六〇年は元旦から二〇回の「一九六〇年代」、八月には「人が欲しい——求人難時代」(一〇回)。六一年は正月四日から「あすの政治のために」を一八回連載した。六二年は元旦から「日本をつくる」。五一回の長期連載である。暮れになると、「一〇〇〇万都市の病根」「土地はあばれる」の二本を続けざまにぶつけている。飛んで六五年は「新日本列島」。元旦から四七回に及んだ。七〇年は「〝経済大国〟の素顔——七〇年代を展望する」で一二回。この年には「くたばれＧＮＰ」(一八回)、「公害への挑戦」(五七回)も連載されている。七五年から七八年までは毎年、元旦は「日本の針路」シリーズで始まった。八〇年は「二〇世紀の軌跡──序章」が六八回、八五年は「援助途上国ニッポン」で幕開けしている。

毎日新聞の新年企画は、六〇年が「伸びゆく中産階級」、六五年が「泥と炎のインドシナ」、七〇年が「土地を告発する」シリーズ、七五年が「春闘を語る」、八〇年が「イスラムの挑戦」である。読売新聞は六〇年「新風政治への道」、六五年「転機に立つ日本外交」のあと、七〇年は臼井吉見、永井道雄、中山伊知郎ら当時の最高の知識人を動員して「人間回復をめざす六項目」の提言だ。七五年「ここにひずみが──政治の是正を待つ」は「親不孝社会」「母子いじめ」といったタイトルが並ぶ。八〇年「昭和戦後史」、八五年「レポート地球──戦後四〇年」「権力の素顔」などとなっている。

ごく一部のタイトル紹介にすぎないが、各新聞社が政治や経済などの硬いテーマに正面から取り組んでいる(とくに当時の読売新聞の真面目さが光る)ことは分かっていただけよう。これで見るかぎり各社の問題意識や記事の内容は案外に真っ当で、時代の変化から大きく外れているとは思えない。ＧＮＰ至上主義に水をかけた「くたばれＧＮＰ」は流行語にもなった。消費者、巨大都市、土地などへの挑戦は、当時としては、むしろ先見性を誇っていいぐらいである。

庶民の暮らしと「くたばれGNP」

にもかかわらず、読者の新聞離れを防げなかったのはなぜか。疑問はまたここに戻る。適切な答えは私にもないが、推測はできる。評価の高かった「くたばれGNP」を例にとると、少なからぬ人びとはそのころ、GNPを否定していなかった、いや、逆に「GNPよ、もっとっと上がれ」と思っていたのではないか。土地問題にしても、各社そろって取り上げ、いい提案もなかにはある。でも、結局は絵に描いた餅だ。どんなにがんばっても、家一軒、手に入れられないじゃないか。もういい。——こんな気持ちではなかったか。

実際、当時の人びとの多くは「余暇」より「収入」だった。経済企画庁の国民生活審議会が実施した一九七一年度の「国民選好度予備調査」によると、「労働時間は多少増えても収入が増加した方がよい」が三八%であるのに対し、「収入が多少減っても労働時間は減った方がよい」は二三%にすぎない(「どちらともいえない」は三六%)(12)。

庶民は今日の米櫃《こめびつ》、月末の月給袋の中身を考えて暮らしている。これに対して、だれかが一〇年先、五〇年先の世界と日本を考えていなければならない。新聞は当然、今日の庶民の暮らしを念頭において紙面をつくるが、同時に一〇年、五〇年先にまで思いを致さなければ、新聞としての意味はない。そのバランスがむずかしい。「くたばれGNP」がいかに先見性に富んでいたかは歴史の証明するところであるが、当時、今日の米櫃、月末の月給袋のことで頭がいっぱいだった人びとにも共感を呼べる記事であったか。あのころ、非常な共感をもって読んだ「くたばれGNP」について、いま私は、そういうことも考えざるを得ない。

暮らし密着型の年間企画

ただ、こうした年間企画を列挙してみて気づくのは、その多くが政治部と経済部の花形記者を中心につくられていた、ということだ。社会部や外報部などの主導によるものも少なくないから、そういう傾向が強かった、と言い換えてもいい。ところが一方、社会部、家庭部、科学部、学芸部の記者の筆になる企画連載がある。政治だ経済だといったふうに大上段に振りかぶらないから、派手さはないかもしれないが、これがなかなか、想像以上に暮らし密着型なのである。

朝日新聞をほんの少しめくってみただけだが、六〇年、まず「おそうざいのヒント」がスタートしている。「身近な食品を見直そう」(三八回)は六二年。「ゼロ歳の記録」全三五回は六四年。以下、六五年に「おんもに出たい」。六九年に「食品公害を考える」「医療は病んでいる」。七一年は「医」。七二年は「中年からの医学」「いま学校で」。七六年には「年金——あなたの老後」があり、七七年は「植物人間の記録」。七八年に「サラ金」が登場し、八〇年が「水と土と人間——下水道を考える」。先取り精神に富んだもの、読者の気持ちになって書かれたものが少なくない、と私は思う。それでも新聞復元の起爆剤になりえなかったとすれば、記事のなかに「教え諭す」臭みがあって読者に嫌われたのか。「学校」も「年金」も危機が叫ばれるのはまだ先のこと、当時は読者の身近な関心事になっていなかったのか。

こうしてみると、当時の新聞はすべてピント外れ、だから読者が逃げていった、と言い切るには無理があるように思う。だが、新聞関係者がそう言っても説得力に欠ける。東京大学社会情報研究所で、とくに〈オンナ・コドモ〉の視点からジャーナリズムを凝視してきた新聞学者の林香里《かおり》の研究を通じて、もう少し掘り下げてみよう。なお、ことわるまでもないが、ここでいう〈オトコ〉〈オンナ・コドモ〉は、もちろん漢字で書く「男」「女・子供」と同じではない。(13)

4　政治面主導型の弊害

実った家庭面のキャンペーン

七三年四月九日付の朝日新聞家庭面に「家庭科　なぜ女だけ」という、ある都立高校教師の寸評が載った。反響は大きく、同紙のコラム「ひととき」には多くの母親や女子高校生からの投書が次々に掲載された。やがて市川房枝を中心に「家庭科の男女共習をすすめる会」が結成され、七五年三月には文相・永井道雄に「共習」を申し入れている。同紙家庭面はさらに「家庭科をどうする」「いまこそ家庭科」といったタイトルをつけた特集などで持続的なキャンペーンを展開した。七三年からの一三年間で、同紙家庭面がこのテーマをとりあげたのは八〇回近くに及んだ。こうしたことが実って、高校家庭科男女必修は八六年七月、文部省教育課程審議会で決定した。

林は同紙家庭面が「社会運動家および現場の教師と子どもを持つ母親、そして当事者である女子高校生とを結ぶフォーラムの役割を果たした」と評価し、女という「大衆」がジャーナリズムを舞台に政治参加をしていったひとつの例、と述べている。女という大衆を政治に走らせたジャーナリズムが、ここにはあった。しかもそれを実現させた舞台は、政治を扱うべき政治面ではなく、〈オンナ・コドモ〉が読む家庭面だった。林は言う。

家庭面の社会記事は、とくに高度成長期を頂点にした盲目的な生産主義、効率主義というイデオロギーが支配した社会の前線からは一歩ひいた、女性たちの覚めた視点から投げかけられた問いがきっかけとなっている。そしてその記事が糸口になって女性グループができて社会運動につながっていった。この覚めた視点は読者のものでもあり、さらには新聞社内でエリートコースを歩まない家庭面記者にも備わっていたといえる。

中核としての政治部

林にすれば、家庭面の対極にあるのは政治面である。「どの新聞社にも共通しているのは、編集局には政治部を頂点としたヒエラルキーが築き上げられていること」と書き、家庭面ＯＢ記者の「ヒエラルキーでは地下二階」という自嘲的せりふも紹介されている。しかし、ヒエラルキーだのエリートコース・非エリートコースだのと、ちょっと思い込みが過ぎるのではないか。新聞社はそれほど息苦しい職場ではなかった。「それは君が政治部育ちだから」と一蹴する人もたしかにいる。「どこが、と言われても困るのだが、何となく空気としてあるのだ。政治部の人には分かるまいが」。あるいは「政治部員と一緒に国際会議を取材して原稿を送る。紙面に載るとき、必ずといっていいほど、政治部員の記事のほうが扱いが大きかった」と。

過去において政治部が新聞社の中核だったことは否定できない。これは毎日・読売・朝日の中央三紙に共通している。「中核」とは、すべて他部と比較してのことだが、社長・論説責任者・東京本社編集局長の三ポストに就く機会が多いこと、役員に占める比率が高いこと、新聞制作全般にわたって発言の場が大きいこと、紙面企画の中核に起用される機会が多いこと、原稿の掲載率が高いこと、などである。

これは新聞の生い立ちと関係がある。日本の新聞は明治期の誕生当初、言論(政論)型の「大《おお》新聞」が中心だった。それが廃れ、徐々に報道型・娯楽型の「小《こ》新聞」が力を得ていく。それでも欧米のゴシップ型の大衆紙の道は歩まず、言論・報道・娯楽、なんでもありの「ごった煮」型が主流となっていく。だが、表看板はあくまで言論であり報道だった。当時の新聞購読の主役たる有識階級が、元老だの閣僚だの中央政界の言動にきわめて敏感だったからである。そのうえ戦前は、国民の生活のみならず新聞の死活まで政・官・軍が握っていた。それらを取材対象とする政治部はますます無視できない存在になっていった。敗戦後は日本軍部が占領軍(GHQ)に変わっただけで、政・官・軍体制そのものに変わりはなかった。占領軍が去ったあと、政・官は肥大化しこれに米国(日米安保体制)が加わる。やはり、政治部が中核の新聞社にならざるを得なかったのであろう。

「夜討ち朝駆け」

日本の新聞の政治部は政界部だ、という趣旨のことを丸山真男が言ったこともあって、政治部記者は政治家と癒着している、と言われてきた。各社を見渡すと、そんな人がたしかにいた。政治家同士の対立につけこんで一人二役、情報のメッセンジャー役に堕した記者、派閥の一員になったように振舞う記者、いつの間にか特定の政治家の分身になって、政治そのものを動かそうとする記者、自社の利益のために政治家を使おうとする記者などの例をいくつか見た。ひどい話である。しかし、これは今はもちろんだが、昔も例外的存在だった、と自信をもって言える。こわもて型の腕利きで政治家に一目も二目も置かれていた記者が身近にいた。そんな彼を仰ぎ見ていた私に、先輩が言った。「彼をまねてはいけない。火傷する」

政治部記者はふんぞりかえっていて尊大だといわれる。政局の動向が新聞の最大関心事だったころは政治部が紙面の主役だったから、私たち若い記者がいつしか天狗になり、尊大に振舞っていたかもしれない。夜遅く（そのころはもう、家庭部や学芸部のセクションの明かりは消えていた）取材先から次々に戻ってきて、大声で議論しながら情報を交換しあい、原稿を書き、出稿し、整理部とかけあい、さらに情報を求めて飛び出していく。こういう政治部記者たちの高揚した姿が、ときに傲慢に見え、周囲を苦々しい気分にさせていたことだろう。しかし、紙面のメインは彼らがつくっているのだ。表立って文句はいえない。だから、政治部批判はますます内攻していく。

どんなに暑かろうと、政治部記者はきちんと背広にネクタイをつけて仕事をする。休日当番だったある日、ノーネクタイで出勤した。めざとく見つけた先輩記者に「政治部記者は、いつなんどき政治家を訪ねなければならないかわからない。たとえ休日でも背広にネクタイを忘れるな」とたしなめられたことがある。この背広にネクタイ姿がまた、周囲にはうさんくさそうに思えたのだった。ある日、同期入社の社会部記者がいきなり「おい、今日の背広、だれにもらった」と聞く。おたがい給料の額は分かっている。それなのに毎日毎日パリッとした（彼にはそう見えたらしい）背広を着ている。てっきり政治家からもらっているに違いない、と考えたのだ。

数少ない背広とネクタイの組み合わせに苦労しながら、政治部記者は「夜討ち朝駆け」に励む。夜討ち朝駆けとは、夜は何時まででも取材相手の帰宅を待ち、朝は朝で早暁から相手宅を訪れて、話を聞き出すべく努力することだ。林香里はこうした記者の行動に関して「ジャーナリストたちの日常生活に貫徹する非日常的論理、そこから生まれる極端な仲間内の連帯意識に不安感を禁じ得ない」と書いている。新聞関係者の悩みも同じだ。自分を高めるために費やす時間が極端に少なく、家族とともに過ごす時間も十分にとれない記者に、人間社会の縮図である新聞の記事が書けるはずはない。たいがいの記者はそう思っている。

しかし、記事の生命は真実である。それに可能なかぎり接近するためには、膨大な取材が必要だ。取材は、もちろん相手の都合が最優先する。こちらの時間に合わせてくれるなどと思わないほうがいい。相手は、なにも記者に語る義務はない。もし、向こうから情報をもってやって来たら、利用されるのではないかと、逆に用心しなければいけない。そういう世界なのだ。昼間は多忙な政治家や財界人を追っかけるには、夜討ち朝駆けとなる。労多くして得るところは少ないことは、わかっている。だが、この積み重ねなくして信頼できる紙面はできない。

情報の独占から拡散へ

新聞を論じたある本が「五年間で約七〇人の派閥の政治家をインタビューしたが、そのうちの一〇人と気心の知れた関係を築いた。日常的に情報を得るためにこのなかの三、四人とコンタクトしている。本当の情報は彼らしか知らない」という日本の政治部記者の話を紹介したうえで、こう言っている。「夜討ち朝駆けで動き回る記者が最終的にはたった三、四人の情報源しかもてないという話は、日本の政治ジャーナリズムの情報収集の効率性を考えるうえで、重要な証言であろう。／〝本当の〟情報を取るために政治部記者はずいぶん労力と金の無駄遣いをしていることになる(14)」

そうだろうか。ついこの間まで、日本の最終的な政治方針は一握りの政治家によって決定され、したがって最高の情報は彼らに独占されてきた。それがいいことだと言っているのではない。客観的な事実だったと言いたいのだ。とすれば、政治部記者はその牙城に巣くう一握りの政治家に肉薄するしかない。三、四人の情報源で十分。ここで重要なのは情報の量ではなくて質なのだ。いくら労力とお金を使っても、取ってくる情報が凡庸ならば、それはいくら集まってもただの屑にすぎない。

後輩記者が当時の実力者・金丸信の担当を命じられた。だが、新米記者とあって、なかなか相手にしてくれない。あるとき大雪になった。金丸は富士五湖の山荘にいるという。彼は吹雪のなかを山荘に到着した。金丸は感激した。おい、いつでも来ていいぞ。以来、彼にとって金丸は重要な情報源になった。「だから、政治記事はいつまでも政治家べったり、お涙頂戴なのだ」という批判は甘んじて受ける。だが、重要な政治情報が一部の政治家に独占されている時代にあっては、こうした取材も必要だった。

いまは違う。自民党一党支配が終わって一部実力者が情報を独占できる体制は崩れた。もはや三、四人の実力者さえ押さえておけば深奥の情報が得られる時代ではない。情報は拡散し、その核になるものも消えた。どれが真の情報か、わかりにくくなった。それだけに、若い政治部記者は情報の核心を求めて、以前の倍ぐらい駆け回らなければならない。

駆け出しの政治部記者だったころ、政治家のなかには三木武夫、井出一太郎、前尾繁三郎、大平正芳、宮沢喜一、成田知巳、上田耕一郎など、大変な読書家、勉強家がたくさんいた。こうした人たちとの語らいのなかで、私たちは机に向かって学ぶ以上のことを得たように思う。話題はもちろん「天下国家」になりがちだったが、それだけではなかった。ベストセラーから流行まで、ネギの値段から世界経済の行方まで幅広いものだった。その意味で、すべての政治部記者は「非日常的論理」の世界に生きていた、と一方的に決めつけるのは正確さを欠くという気がする。

政治部中核型の紙面

政治部記者の取材の対象は、どうしても政治家・高級官僚・財界首脳といった国の上層階層になる。その情報はすべて政治部デスクに集約され、繰り返し比較検討され、補足取材され、真実へ向けてしだいに一本化され、紙面化されていく。これまで、一般の人びとの視点がそこに入りこむ余裕はなかった。こういう取材と紙面化の仕組みをここでは「政治部中核型構造」と呼ぶことにしよう。

この政治部中核型構造が問題にされなければならないのは、政治家密着型・夜討ち朝駆け型の身を粉にして働く記者の生活スタイルではない。問われているのは第一に、この構造のもとで得られた情報が国民の知る権利にこたえる形で読者に還元されたか、である。第二に、なるほどこの構造は上層部の極秘情報の取得に大きな成果をあげただろうが、半面、それが結果的に日本の政治の古い体質を助長したのではなかったか、ということである。

こうした反省が出てきたのは八〇年代後半から九〇年代にかけてだった。有権者の政治離れが加速していった時期である。政治への失望は、政治部構造が生み出す政治部中核型の紙面への失望でもあった。有権者が政治を見限るということは、その一端を担ってきた政治記事をも見限ることだった。しかし、私たち政治部記者の多くは当時それに気づかなかった。政治離れは政治が悪いから起きる、と思いこんでいたふしがある。その間に政治離れと新聞離れは密接にからみあい並行して進んでいたのである。読者の新聞離れを加速させた主因の一つは政治部中核型の紙面づくりにあった、ということは認めざるを得ない。

「上から」と「下から」

九八年の朝日新聞読者調査によると、「党利や派閥に関する記事は読みたくない」という回答が多く、「いちばん読みたくない記事は自民党の派閥に関するもの」というのもあった。半面、「客観的事実だけではなく、背後にどういうことがあったか、それがどういう影響を国民にあたえるか、きちんと書いてほしい」「政治が決める数字が生活にどう影響するか、シミュレーションをまじえて解説してもらいたい」といった希望が多かった。質の高い政治記事なら必ず読者は戻ってくることを確信させる。

政治が決める数字が国民生活にどう響くか、新聞が論じてこなかったわけではない。問題は新聞が、政治面で暮らしを「上から」論じ、社会面や家庭面で「下から」論じてきたことにあった。この二重構造が、とくに八〇年代以降の読者には欺瞞と映って、嫌気がさしてきたのではなかったか。政治離れを強めた有権者にとって「上から」論の政治面は、既存の政治構造に加担する信用ならない存在だったのかもしれない。だから、ときに野菜の急騰を怒った記事が政治面に出ても、彼らは政治部記者が八百屋に出向いて書いたとは思わない。うそっぽい、と思うだけだ。それをはねかえすには、役所の数字をもとにシミュレーションし、急騰の実態と人びとの暮らしに肉薄する以外になかった。

ただ、ここでいう政治部中核型の紙面とは、必ずしも政治部原稿だけが幅を利かせていることを意味しない。怖いことに、「政府は」とか「外務省は」とか、あるいは「認識を示した」とか、そんなふうに書く政治記事スタイルはただちに他の面の記事に伝染してしまう。つまり、紙面全体が政治面化してしまうのである。

漢字だらけの長い文章

まず、吉本ばななの「キッチン」の書き出し部分を読んでもらいたい。

私がこの世でいちばん好きな場所は台所だと思う。

どこのでも、どんなのでも、それが台所であれば食事を作る場所であれば私はつらくない。できれば機能的でよく使い込んであるといいと思う。乾いた清潔なふきんが何枚もあって白いタイルがぴかぴか輝く。

ものすごく汚い台所だって、たまらなく好きだ。

五つの短文からなり、句読点を除いて最大三八字、最小二〇字、全一三一文字。うち漢字の数は三三である。

この本が発刊された一九八八年一月の朝日新聞を見てみよう。この月、私もほぼ一ヵ月にわたって「抑止はどうなる——核の世界の今後」を連載している。これと比較してもいいのだが、ただ、これは解説面である。やはり一面の記事と比べるべきだろう。例として二一日朝刊を取り上げる。トップ記事は「阪大で心・肝臓移植申請／年内実施の可能性／学内倫理委 脳死・手順など協議」。あきらかに政治部出稿ではない。その書き出し(リード部分)はこうだ。

「脳の死は人間の個体死」と認めた日本医師会生命倫理懇談会の最終報告を受け、大阪大医学部第一外科(胸部)の川島康生《やすなる》教授(五七)と同第二外科(消化器)の森武貞教授(五七)の二人は二十日、心臓と肝臓の移植手術を医学部医学倫理委員会に申請した。倫理委は二十七日の会合から審査を始め、脳死に関する見解も含め、移植手術を承認するかどうか、数カ月かけて結論を出す見通し。

二つの文からなり計一六一文字(句読点やカッコの類は除く)。第一の文が一〇五字、第二が五六字と長く、うち漢字は一一六。

次に一面の左肩。ここは準トップ級のニュースを扱うことが多い。この日は「日経連「ベアが定昇だけ」／二・三〜二・五%に抑制を目標」

日本経営者団体連盟(日経連)は二十日午後二時半から東京・丸の内の東京会館で臨時総会を開き、春闘に臨む経営者側の指針となる労働問題研究委員会報告を承認した。円高下の今年の春闘では名目賃金はドル換算で世界のトップレベルになったことから、消費者物価や地価を引き下げることで生活水準の向上をはかるべきだ、としている。

七二字と七四字で計一四六文字。うち漢字は八五。もっともこれはリード部分の前半で、このあと一四行(二〇〇字弱)が続き、それまで段落はない。なお、この日の一面は四本の大きなニュースで構成されているが、中トップ(紙面の中央あたりに置かれる)は都の予算関連で、書き出しは「東京都は二十日、」。左肩の下に置かれた納税者番号制の記事も「税制の抜本改革について審議している政府の税制調査会(小倉武一会長)は、」で始まっている。

漢字だらけの、息切れしそうな長い文章。知りたいことがいつまでも出てこない文章。手術を申請した教授の年齢がなぜ要るのか。日経連総会の開始時間にどんな意味があるのか。なぜ「東京都」や「税制調査会」で始めなければならないのか。かつては、こんな記事を書くのはまず政治部記者と決まっていた。すでに一九五五年、国語学者の大久保忠利はその悪文ぶりを具体的に指摘し、書き換え案まで提示している(15)。その政治記事のスタイルが全社的に広がっていったのである。

進む表現の単純化

ただ、センテンスが短いのと文章そのものが短いのとは違う。センテンスは短いほうがわかりやすいが、文章は短ければ短いほどいいというわけにはいかない。世界がこうまで複雑になると、ワンフレーズ、ワンセンテンスで説こうとしても無理である。諄々と論理的に説明しないと分からないことが少なくないのだ。

短いフレーズが歓迎され、言語のライト化がもてはやされている間に、厄介なことに、この国では政治までが短小型になった。説明抜きで、きわめて短いセリフをひとこと言う。「感動した」「あらゆることをやります」「戦います」。首相・小泉純一郎はこんな言い方をする。政治家には説明責任があるはずで、吉本ばなながが「すごい美しさだった」と小説に書くのとはわけが違う。しかし、それが小泉の人気のひとつになっている。

人びとは長い思考と複雑な表現についていけなくなったのだろうか。有権者の思考力は減退し、表現力も衰えていくのだろうか。もし、そうだとすると、これは新しいファッショ型の政治家にとって悪いことではない。あいつは悪い奴だ。正義はこっちにある。奴をやっつけよう。こんな短いフレーズを繰り返し投げ続けておればいいのだから。

このことは新聞にとっても困った事態である。新聞が生きる道を模索するとき、活路のひとつは、テレビにもインターネットにも負けない「分析力」と「解説性」の充実である。しかし、これはいずれも豊富な言葉と精密な論理を必要とする。表現の単純化が進めば進むほど、新聞は表現に巧緻な工夫をこらさなければなるまい。ひとつひとつのセンテンスは短く分かりやすく、しかし文章はときにたっぷりと分かりやすく。

注

(1) 比較家族史学会編『事典　家族』(弘文堂、一九九六年)
(2) 正岡寛司「「家」の解体」「核家族化」(『戦後史大事典』三省堂、一九九一年)
(3) 富永健一「社会階層」(同前)
(4) 塚原修一ほか「地域と社会階層」(『現代日本の階層構造　①社会階層の構造と過程』東京大学出版会、一九九〇年)
(5) 富永健一「大衆社会論」(『戦後史大事典』三省堂、一九九一年)
(6) 佐藤俊樹「総中流社会の崩壊とメディア離れ」(朝日新聞社談話会での講演、二〇〇二年)
(7) 日本放送協会放送世論調査所編『日本人の意識——NHK世論調査』(至誠堂、一九七五年)
(8) 日本放送協会放送世論調査所編『第2　日本人の意識——NHK世論調査』(至誠堂、一九八〇年)
(9) 斎藤美奈子『文壇アイドル論』(岩波書店、二〇〇二年)
(10) 第五回「新聞信頼度調査」(全国の一八歳以上の男女九〇〇〇人を対象に実施)
(11) 博報堂生活総合研究所編『若者　感性時代の先導者たち』(同研究所、一九八五年)
(12) 経済企画庁国民生活調査課編『日本人の生活選好度』(出光書店、一九八〇年)
(13) 林香里「〈オンナ・コドモ〉とジャーナリズム」(『東京大学社会情報研究所創立五〇周年記念論文集

――社会情報学Ⅱ　メディア』一九九九年)。同「新聞〈家庭面〉のジャーナリズムと〈タブロイダイゼーション〉」(『東京大学社会情報研究所紀要』五六号、一九九八年)

(14) 柴山哲也『日本型メディア・システムの崩壊』(柏書房、一九九七年)

(15) 大久保忠利「政治への無関心を作る政治記事」(『思想』一九五五年二月号)

第二章　変化にたじろぐ——新聞のいま

コンピューターを使っての大組み作業
（1983年，朝日新聞東京本社で）

1 「人権」の反乱

〈新聞〉対〈市民〉

新聞は一九九〇年代なかば以降、それまで以上にむずかしい局面に立たされることになった。それをもたらしたのは、あらたな「四つの変化」である。いずれも、新聞がこれまで頼りきってきたことにかかわるものばかりで、対応を誤ると新聞存立の基盤が根底から崩れかねない危険をはらんでいる。

一 「人権」に端を発した市民の反乱
二 「表現の自由」絶対論の後退
三 「平等」幻想の崩壊
四 「権力」観の変貌

以下、順を追って検証してみたい。

新聞批判に質的な変化が起こり、重苦しいものになった、と気づいたのは九〇年代の後半、それも終わりのころだった。つまらない、むずかしい、めんどうだといった批判は続いていたし、テレビがあるから、インターネットがあるから、という無読者層も増え続けてはいた。これはこれで新聞にとっては大変なことだが、しかし、彼らは新聞から離れていったものの、新聞を憎み、声高に敵呼ばわりするようなことは、まずなかった。月ぎめ購読をやめるにしても、なんとなく遠慮がちに、といった印象が私にはあった。

それが変わった。同じ仲間だと思っていた読者が「報道の暴力は許さない」と言って、はっきりと背を向け出した。広がる一方の報道被害に原因があったことは明らかである。第一章で見たように、読者はわりあいに早くから人権問題に敏感になっていた。しかし、新聞がそれに的確に反応したとはいえなかった。私自身、新聞は弱い市民に代わって権力と向きあってきたと信じていたし、読者もそれゆえに支持してくれていると思っていた。そこにあったのは昔ながらの〈権力〉対〈新聞(背後に市民)〉の構図だった。しかし、人権意識の高まりにつれて分かったのは、読者は「新聞イコール市民」などとは全然考えていない、ということだった。次第に〈新聞〉対〈市民〉という構図があらわになり、市民が権力といっしょになって新聞を糾弾する〈権力(背後に市民)〉対〈新聞〉という空気さえ出てきた。新聞は双方から敵視されるようになったのである。

児童八人刺殺事件、カレー毒物混入事件

例として、二〇〇一年六月、大阪府池田市の小学校で起きた児童八人刺殺事件をあげる。

事件発生から数日後、葬儀会場には「ご遺族のご意思により報道関係の方のご入館は固くお断り」との看板が掲げられた。二〇人近い警官と警備員。テレビ・新聞のカメラマンや記者は、これに阻まれて進むことができない。だれかわからないが、参列者にマイクを突きつけないで、と言ってまわる男がいる。メディアは、遺族のみならず周囲の人びとからの、鋭い視線のなかで立ちすくむほかなかった。メディアが市民を権力の横暴から守るのではなく、警察が市民をメディアの横暴から守る。いつの間にか、そういう時代になっていた。

もうひとつ、九八年夏に和歌山市で起きたカレー毒物混入事件をあげる。

報道被害については、もっと深刻な事例がいくつもあることは知っている。例えば、九七年の東電OL殺人事件。犯人とされたネパール人の弁護士・神田安積《あさか》は、OLのプライバシーがあまりにひどくセンセーショナルに取り上げられたことに関連して、彼女の母が裁判で「犯人ではなくマスコミを死刑にしてほしい」と訴えたことを明らかにしている。[1]だが、ここでは、間接的にせよ自分で見聞したケースをとりあげよう。

朝日新聞和歌山支局は大阪本社管内にある。事件のとき私は同本社に勤務していた。当時の編集局長は何度もカレー事件の現場に足を運び、多いときには六〇人もいた本社取材班に対し、

節度ある取材を、と繰り返し具体的に指示していた。だが、実際には集団的過熱取材(メディアスクラム)の典型と呼ばれる結果に終わった。

和歌山地方裁判所は二〇〇二年一二月、この事件で殺人罪などに問われた被告に死刑を言い渡した。注目されるのは、判決文のなかで裁判長がとくに報道のあり方に言及して、次のように述べたことであった。

「カレー事件は社会的に高い注目を浴び、その結果、異常な報道取材が行われ、事件に関係する多くの者が精神的に強いストレスを感じざるを得ない状況となった」

「被害者、遺族が口をそろえて報道取材のあり方に強い不満、不信感を述べているのは、報道取材に問題があったことをあらわしている」

「国民は犯罪報道に何を求め、報道機関はどのような情報を取材、提供すべきなのか、さらなる議論を待ちたい」

では、そのとき、現場はどんな具合だったのだろうか。

まず、報道被害を受けた側。事件の発端となる夏祭りを主催した地区自治会の会計担当役員の体験談である。(2)

「一歩外に出たら取り囲まれ、テレビカメラは回るし、フラッシュはいっぱいたかれるし。どこかの記者なんか、名乗りもせずに言うんです。『当日のことを教えてくれ。しゃべってもらわないと困ります」って。一体、何様かと思いました」

「窓は全部閉め切っていました。外にはテレビ、新聞、雑誌のカメラがずらっと二〇台ぐらい並んでいるんです。いかにもうちを見張っているって感じでした。気晴らしになるかと思って、妻にパートに戻るように勧めたんです。そしたら、そこにもカメラが来て撮っていく。「仕事中ですから」と断っても、次々に別の人が来ては同じことを繰り返すんです。結局、ほとんど閉じこもって生活しました。妻は七キロもやせました。「私たちが何をしたっていうんだ」。そんな気持ちでいっぱいでした」

次に報道する側。朝日新聞和歌山支局における写真取材責任者・徳山喜雄の話である。

「(九八年)八月二五日以降は、「近く逮捕する」という捜査当局のリーク情報もあったため、逮捕の決定的瞬間を撮り逃がすわけにはいかず、引くに引けなかった」

「深夜の張り番はやめて引き上げさせた。さらに、塀の外から家の中をのぞき見するような行為はしない、(被告)夫婦の子どもを撮影しない、夫婦が出かける際、深追いしない——などを取材者に徹底させた」

集団的過熱取材への「見解」

二〇〇一年一二月、日本新聞協会はメディアスクラムについて「見解」を示した。

①いやがる当事者や関係者を集団で強引に包囲した状態で取材すべきでない。相手が小学生や幼児のときは、取材方法に特段の配慮を要する。②通夜葬儀、遺体搬送などの取材のとき、遺族や関係者の心情を踏みにじらないよう十分配慮する。服装や態度などにも留意する。③住宅街、学校、病院などでの取材は、取材車の駐車方法など、近隣の交通や静穏を妨げないよう配慮する。／問題が発生したとき、調整は一義的には現場レベルで行い、記者クラブや支局長会で積極的に話し合う。それでも解決できないときは協会に調整機関を設ける。

これが要旨である。だが、この程度ですむほど実態は甘くない。新聞、雑誌、テレビ、フリー、それぞれの記者・写真記者が殺到し、引くに引けなくなった状態に陥っているのだ。調整機関ができる前に修羅場と化すだろう。しかし、それでも、この「見解」に期待したい。とくに、困難は承知のうえで、現場での自主的な話し合いに期待したい。

二〇〇一年二月、ハワイ沖で米国の潜水艦に衝突されて犠牲者を出したえひめ丸事件のとき、朝日新聞記者が甥を失い、家族の代表として現場へ出向いた。すさまじいメディア攻勢だった。彼は怒りと悲しみを抑えながら、身分を明かしてメディアとの対応役を買って出た。メディア側も連絡ルートをつくって協力した。こうした自主的な話し合いしか道はない。取材対象が自分の親、自分の子、自分の妻だったらどうするか。そこまで思いを致すことはできないものか。結局はメディアの一人ひとりが、どこまで人間の尊厳を真剣に考えられるかに、すべてはかかっている。

2　「表現の自由」絶対論の後退

裁判所からメディアへの注文

カレー事件の和歌山地裁判決を読み直すことから始めたい。

前節で紹介したように、裁判長は、この事件では取材方法に問題があった、と言いきったうえで「国民は犯罪報道に何を求め、報道機関はどのような情報を取材、提供すべきなのか、さらなる議論を待ちたい」と述べた。さらなる議論を「待ちたい」とソフトな物言いだが、要するに情報の取材・提供について裁判所がメディアに注文をつけたのである。この点について、判決当時、メディアではあまり論議にならなかったようだが、これは相当に重視すべき法曹界からのメッセージだ。

そう考えるのには理由がある。このところ、第一に、メディアに対する裁判所の対応が厳しくなっている。第二に、弁護士の世界で、表現の自由よりメディアによる被害の問題を重視する人が増えている。メディアにとって見過ごしにできないことである。

高まるメディアの敗訴率

まず、裁判所の対応である。マスコミ倫理懇談会全国協議会の資料をもとにその状況を見ると、メディアを相手とした名誉毀損だけでなく、プライバシーの侵害、肖像権の侵害などの訴訟が増加傾向にあること、しかもメディア側が敗訴するケースが増え、損害賠償の金額も上がっている、ということがはっきりする。

具体的な数字をあげよう。一九九八年から二〇〇一年一〇月までにメディアを相手に起こされた訴訟は約三五〇件、年平均で約九〇件である。注目すべきはメディアの敗訴率が高いことだ。原告側の請求・控訴・上告が棄却されたり上告が非受理だったもの、つまりメディアが結果的に勝ったのは約一一〇件にすぎない。三件に二件はメディアが負けており、損害賠償金の支払いや謝罪広告の掲載などが命じられている。

しかも、この傾向はますます強くなってきた。二〇〇一年の一〇カ月間にかぎると、総数は五四件と多くはないが、明確にメディア側が負けたのが三七件にのぼっている。うち三三件が損害賠償金の支払い(七件は併せて謝罪広告の掲載ないし頒布等の禁止)、四件が訂正記事・広告の掲載を命じられている。賠償金は一〇〇〇万円が二件、五〇〇万~七七〇万円が八件、三〇〇万円台が四件である。賠償金の高額化は明白だ。例えば九八年と比べてみよう。この年、たしかに五〇〇〇万円以上も四件あるが、これは絵画展のカタログ、出版方式での対立、折り込み広告関連、カラオケ著作権にかかわるもので、純粋に言論に関するものの賠償金額はほとんどが五〇万円以下だった。

ちなみに新聞にかぎると、九八年から約四年間の被訴訟件数は四九件・延べ五二社で、敗訴は一二件・延べ一三社である。二〇〇一年の敗訴は一〇カ月で四件・延べ四社だが、うち三件が名誉毀損事件で、一件は二〇〇万円の支払いを命じられている。

これは別に裁判所がメディアを目の敵にしているからではあるまい。この国の人びとが人権問題を重視するようになったこと、あまり訴訟をいとわなくなったことに加えて、なかなか無くならない過熱報道とその被害者への人びとの思いが、裁判官に微妙な影響をあたえているのだろう。損害賠償金の高額化にしても、これまでのような少ない額では、メディアの違法な取材・報道にブレーキをかけることはできない、高い賠償金にして二度と違法行為ができないようにしたい、との発想があるのかもしれない。

弁護士たちの報道批判

一方、日本弁護士連合会(日弁連)が報道被害の問題をとりあげ「人権と報道に関する宣言」を採択したのは、八七年の人権擁護大会だった。それから一二年たって何が改善されたか。九九年の人権擁護大会では「これまでの反省や教訓を忘れ去った」ケースや「犯罪被害者の人権をあらたに侵害した取材・報道」のケースが問題となり、激しい論議となった。二〇〇一年七月には、報道被害の事前防止、事後の救済を適切におこなうことをめざして「報道被害救済弁護士ネットワーク」が発足した。ネットワーク代表の弁護士・坂井眞は語っている。「表面的にはだいぶ改善されてきたように思います。(中略)しかし、根っこの部分では、何も変わっていないようにも思うのです」(3)

事実上のメディア規制法が手をかえ品をかえて次々に構想されていることで明らかなように、保守系の政治家や法務官僚が何を考えているかは、私たちもだいたいはつかんでいるつもりだった。だが、決して保守系ではない、いや、人権擁護に熱心という点ではむしろ革新的な弁護士や憲法学者たちから起きたメディア批判の激しさは予想をはるかに超え、人権と報道についての私たちの認識にするどく切り込むものだった。

メディアの扱いをめぐって、表現の自由をめぐって、この国では何かもっと大きな変動が起きているのではないか。メディアが言う「表現の自由」は絶対のものではない、国民の利益のため、個人の人権のためなら、それは制約されても仕方がない。このころから、日本の奥深いところで、こういう考え方が加速的に広がっていたのである。

私的な権利としての基本的人権

社団法人・日本記者クラブがこの問題をとりあげ、記者研修会に大阪大学大学院教授・松井茂記を招いて話を聞いたのは二〇〇二年八月三〇日だった(4)。松井は〈メディアと法〉を専門とする学者である。

憲法二一条には「集会、結社及び言論、出版その他一切の表現の自由は、これを保障する」とあり、〈公共の福祉に反しない限り〉といった条件がいっさい付いていない。その理由について、私たちは次のように教わってきた。

表現の自由は民主主義の柱。基本的人権のなかでも特別な存在で、特別な保護が要る。基本的人権とは人が生まれながらにして持っている権利だ。なるほどメディアは法人である。だが、それは自然人と同じように、憲法が保障する表現の自由を持っている。その表現の自由は国民の知る権利によって支えられている——と。

ところが基本的人権についての考え方に変化が出てきた、と松井は言った。基本的人権も私的な権利だというのである。「そっとしておいてほしい、あるいはほうっておいてくれという考え方に沿ってとらえられるようになってきた」。これだと、公共的な性格が後退して表現の自由も私的な権利のひとつにすぎなくなる。民主主義にとってかけがえのない権利なのだ、というインパクトも色あせてしまう。

さらに、憲法の基本的人権は「人格としての」人間に不可欠な権利だ、という考えが強まった。ここでも、表現の自由は民主主義にとってなくてはならないもの、という公共的な点が弱くなる。すると、表現の自由はあまたの自由のなかでも特別なもの、保護が要るという考えも根拠を失う。「表現の自由とプライバシーの権利が対抗するとき、人格権ととらえるのは後者であって、前者、つまり表現の自由ではない。人格権という言葉が使われることによって、枠組みが大きく変わってしまった」

もうひとつ、基本的人権は人工的な集団にはあてはまらない、とする考えが有力になってきた。メディアは法人、人工的な集団である。となると、企業としてのメディアには固有の意味での表現の自由はない、ということになる。では、だれのためにあるのか。それはもっぱら、読者・視聴者の人格のためにあるのだという。つまり、相手の人格形成に役立つ情報を提供するときにかぎって、メディアの表現の自由には価値がある。役に立たない、有害な情報だったら、その自由を制約してもかまわない。そんな論理構成になっていく恐れが十分ある。松井はそこを警戒する。

こうした所説が学界・法曹界の一般的見解かどうか、素人にはわからない。ただ、新聞の売れ行きや読者の反応を見ている一人として、新聞をとりまく状況は松井が危惧する方向へ動いている、ということは実感できる。メディア、とくに新聞が無条件の拠りどころとし、全面的に寄りかかってきた伝統的な「表現の自由」は間違いなく危なくなってくる。

しかも、これを崩そうとしているのが従来型の権力ではなく、市民の「常識」であるところに問題がある。乗用車に同乗していてけがをした七歳の息子の名前を掲載したところ、プライバシーの侵害だといって苦情が来たケース。民家が全焼してけが人が出たので出火元の名前を出したところ「迷惑だ」と新聞社に電話がかかってきたケース。こういった事例がこのところとくに増えている。「表現の自由」は新聞の生命線だ。一方で「市民」なくして新聞は存続しえない。この二つをどう両立させればいいのだろうか。

3　「平等」幻想の崩壊

進学・就職・出世への夢と現実

新聞がたくさん売れた六〇～七〇年代は、人びとに夢があった。高度成長は繁栄のみなもと、輸出は善である。株価が下がるなんてことはありえない。がんばれば、きっといいことがある。勤勉に働いてさえおれば、定年の日が来るまでだんだん地位が上がり、収入も増え、小さいながらも持ち家が買える。おれは家の都合でだめだったが、子どもを大学にやるぐらいの余裕はある。なにしろ終身雇用だ。あの子がいい大学に入ることができれば、いい会社に就職ができる。いずれは課長になり部長になる。重役にまでいくかもしれない……。

繰り返しになるが、こうした人びと、総中流意識に夢を託した人びとは、子どもの教育のためにも「せめて新聞ぐらいは」とならなければ、と考えた。そして、それはそれだけの効果をあげた。たしかに戦後の社会には、新聞を読むことでパワー・ストラクチャーの外へはじき飛ばされずにすんだ人たちが、ある厚みをもって存在していたのである。

もし階級なき社会といったものが生まれるとすれば、それは日本ではないか、といった幻想さえ抱かせかねない時代だった。もちろん、実態はそう甘くなかったのだが、それでも、専門家がさまざまな「格差」を調べて指標化してみると、八〇年代なかばぐらいまではどれもほとんど右下がりの曲線を描いていた。格差は縮まっていたのだ。これが、八〇年代後半から九〇年代にかけて止まった。九〇年代のとくに後半から、この国の階層・階級をめぐって急激なイメージ転換が起きている。

格差は止まったままか、拡大がまた始まっているか。いろいろな説があるが、間違いなく再拡大している例として、社会学者の佐藤俊樹は「大学進学率の収入格差」をあげた(5)。親の収入によって大学進学に差が出てきたというのである。もうひとつ、これは九〇年代前半だが、高校卒がホワイトカラーとして就職することがなくなった。

だが、もはやだれも驚かない。有名大学に入れる子の親は有名大学の出身者であり、かつ、学習塾など学校以外の教育に大金を投じることのできる家庭の子であるという冷徹な事実を、人びとはうんざりするほど見聞しているからである。

大学を出ていない父が子に高等教育を受けさせて「出世」を期待する。六〇～七〇年代は、それはすぐ手が届くところにあるように思われた。しかし、いまはその夢を見ることすらむずかしい。それに、なけなしのカネをはたいて高等教育を受けさせても、それが超有名大学でなければ、出世はおろか就職すらむずかしい時世になった。まして高校卒の子どもは、どんなに努力してもエリートクラブに入ることはできない。仕事にありつくことが、まずむずかしいのだ。厚生労働省によると、二〇〇三年春に卒業する高校生の就職内定率は、二〇〇三年一月末現在、過去最悪、前年同時期を一・三ポイント下回る七四・四％である。

社会的につくられた学力格差

いま、しきりに言われている学力低下の問題を「社会的につくられた格差」との関連で追究しているのは、お茶の水女子大学教授・耳塚寛明である。(6)

耳塚グループは二〇〇二年、関東地方一二都市の公立小学校一七校の児童七九九八人を対象に学力調査をした。同じ調査を八二年、国立教育研究所がやっており、耳塚はそれと比較しながら学力低下の実態を明らかにした。それを受けて耳塚は「海外の観察者が日本の学力の美徳として称賛したのは、平均的水準が高いことだけでなく、低位層の底上げによって学力格差が小さいことだった」と述べ、いまはどうなっているかを問う。採用されたのは〈学習遅滞〉〈学習速進〉という考え方である。学習遅滞とは、ある学年の児童の得点が一学年下の児童の平均得点を下回る場合をいう。逆に学習速進とは、ある学年の児童の得点が一学年上の児童の平均得点を上回る場合をいう。

この遅滞と速進の発生率を足して、その合計を学力分極化の程度を示す指標とした。すると、その数値は八二年の一六％に対し二〇〇二年は二四％となった。これは学力遅滞層と速進層の分化が一段と大きくなったことを示している。また学習遅滞・速進は、家庭学習の頻度や時間、塾通いしているかどうか、などと密接に関連していることもわかった。

では、家庭的背景との関係はどうだろうか。父母の学歴で比べてみた。

父が大学卒(五一・九％)　学習遅滞層一八％　学習速進層八〇％
父が非大学卒(四八・一％)　学習遅滞層七二％　学習速進層二〇％
母が短大・大卒(四四・四％)　学習遅滞層二三％　学習速進層七一％
母が非短大・大卒(五五・六％)　学習遅滞層七七％　学習速進層二九％

学力が落ちていると同時に、その格差が広がっている。しかも「学力格差が、単なる「学力」の格差にとどまるものではなく、「社会的につくられた格差」である可能性」を耳塚は指摘するのである。

上級ホワイトカラー層指向と新聞

こうしたことが反映しているのだろうか、しょせんこの世はいくら努力してもえらくはなれない、と考える人が増えている。ここに読売新聞社が二〇〇二年一〇月、全国三〇〇〇人を対象に実施した「人生観」に関する全国世論調査の結果がある。

設問＝いまの日本社会について、(A)自由な競争がおこなわれ、努力すれば誰にでも成功の機会はあると思うか、(B)社会の枠組みはできあがっていて、努力しても成功するとは限らないと思うか

答え＝どちらかといえばAに近い　三二％
　どちらかといえばBに近い　五三％
　どちらともいえない　一四％

こういう社会で総中流意識がふたたび芽生えることは、もうあるまい。

このことを新聞に即して考えたらどうなるか。毎日・読売・朝日といった全国一般紙が伸びてきたのは、それぞれ二重同心円的な購読層に支えられてきたからだ。社会学者の佐藤俊樹はこう考える。コアは専門職・管理職を中心とする上級ホワイトカラー層。その外側にもうひと

つ、上級ホワイトカラーになりたい層がある。彼らの多くは中流階級の仲間に入りたい人びとの群れと重なっている。一般紙は、外からコアへ移りたい人びとを鼓舞する、あるいはその道筋を描いてみせることを得意技にしていたから、総中流意識がこの国で勢いを持ったときは新聞も大いに売れた。では、人びとが総中流意識は幻想だということを実感し、外からコアの部分へ移りたくても移れないことを悟ったときはどうなるか。理屈の上では当然、新聞も一蓮托生、直撃を受けざるを得ない。

「国民」でくくれない時代

階層分化を余儀なくされたことによって、コアの外側で新聞を支えてくれている読者の意識が分裂を始めた。にもかかわらず一般紙の紙面は、読者は一様だ、という意識のままでつくられている。佐藤はそれを「のっぺり」という言い方で表現した。相手が違うのに新聞が語りかける言葉は同じ。それが、のっぺりした感じをあたえている。

例えば、佐藤も問題にしている「国民」という言葉がある。政治部時代、強い影響を受けた先輩に柴隆治という人がいた。私が原稿で「国民」と書くたびに、彼は「国民ってだれだ」と聞き返してから、線を引いて消していった。分かるような気がするが実はよく分からないこの言葉が、当時の記者たちには重宝がられていた。「国民」が世間一般を指すこともあれば、被支配者を指すこともあった。世間を代表する形で、記者が自らを「国民」になぞらえることもなかったわけではない。それでもなかば黙認されてきたのは、国民の大多数(ほとんどはコア部分でなく、その外側の住民である)に共通項があったからだろう。

しかし、階層分化が進めば進むほど生活の共通性は消えていく。共通利害は減っていくから、いきおいグループ同士の利害の衝突が増える。もはや曖昧な「国民」でくくれなくなったのである。にもかかわらず新聞は依然として、そんなことでは国民が困る、といった言い方をしている。こうして読者は「生活実感のない新聞」から去っていく。

階層分化で国民がさまざまに分化していくと、だれが得をし、だれが損をするか。それを知るうえで、二〇〇三年度税制改正大綱はいいテキストになったのではないか。専業主婦への優遇度が高いという理由で配偶者特別控除は廃止される。資産デフレ対策の名目で土地流通や株式譲渡益課税が軽減される。資産の移転を促進しようとして生前贈与の非課税枠が広げられる。階層分化は、収入などあらゆる面で格差を広げていく。

さらに、あらたな分化がこれからは増えるだろう。例えば女性の場合、外で働く人と専業主婦。外で働く人はさらに分かれて、キャリアウーマンと派遣社員。独身者と単身者。独立派と親がかり派。それぞれ関心事が違うし、世間とのかかわり方も違う。新聞は「国民は」でくくれなくなったと同様に、「女性は」とか「若者は」といった、十把ひとからげの表現もむずかしくなった。

独自な部分の競争に

では、表現を変えたらすむか。そうではあるまい。

これまで新聞は、塊としての国民、塊としての大衆《マス》を相手に紙面を考えればよかった。まず、マスが受け入れてくれる最大公約数的な枠があり、これに読者調査や一線記者はもちろん新聞販売店などの触覚まで活用して得た情報を投入して、各紙それぞれの紙面に仕立て上げていた。

一般的に新聞は、発行部数が多ければ多いほど経営面では安定するが、新聞づくりはむずかしくなる。部数の伸びにつれて当然、読者が増える、つまり最大公約数の分母が大きくなるから、よほど用心して分子に力を入れておかないと紙面が甘くなる。分子とは、新聞の信念・信条の発露であり、従業員の質の高さであり、経営者の志である。私の経験では、この分子部分に力を入れない新聞社は空洞化していく。

難問は、最初の最大公約数的な枠である。階層が分化しなければしないほど、枠はつくりやすい。新聞も楽である。しかし、階層分化が進むと、人びとの関心はばらばらになる。それでも全読者に満足してもらおうとなると、新聞はこれまで以上にデパート化する必要があり、どんどんページ数を増やしていかなければならない。それは無理だ。となると、本当の新聞の競争は、最大公約数的な部分ではなくて、それに加味する各社独自の部分によっておこなわれることにならざるを得ない。新聞の意識改革はもちろんだが、加えて膨大なコストが必要になるだろう。

4 「権力」観の変貌

「新聞で重視すること」の調査結果

北朝鮮(朝鮮民主主義人民共和国)の拉致事件の際に寄せられた読者の声に「(新聞は)権力に対する批判というだけで善悪正邪の視点を見失っている」というのがあった。やっぱり読者はそう思っているのか。考え込んでしまったのは、権力と報道について、それに類する反応を複数の読者から、あるいは読者調査などで見ていたからである。

「新聞で重視すること」という二〇〇〇年実施の読者調査結果がここにある。一八の項目を相手に見せ、「非常に重視する」から「全く重視しない」まで、四段階に分けて評価してもらった。社外秘となっているから実施した新聞社名は中央紙Pとし、細かな内容に踏み込むことも避け、私がその結果から受けたショックについてだけ記したい。

読者が最も重視する上位五つは、①記事や情報が正確で信頼がおける(「非常に重視する」は五一%)、②記事や情報がわかりやすい、③世の中の大きな流れがわかる、④いろいろな意見を公平に取り上げている、⑤社会の問題に積極的に取り組んでいる――ちょっと優等生的だが、まず順当である。

驚いたのは「政府批判の姿勢が強いこと」は最下位、まったく人気がないことだった。

非常に重視する	七%
多少重視する	二八%
あまり重視しない	五四%
全く重視しない	一〇%
不明	一%

「読者への気配りが感じられること」「皆の間で話題になること」を、非常に重視しているのは一〇%にすぎないが、「企業活動の行きすぎをチェックしていくこと」についても読者は冷淡だ。「非常に重視する」は一二%弱、「全く重視しない」が七%強である。この結果からすると、新聞が政府を批判したり悪い企業・企業家を糾弾したりするのを、読者の多くは好んでいないように見える。こうした〈社会チェック〉機能への期待は六〇歳代に強く、一八~三〇歳代はとくに低い。争うことが嫌いな世代の特徴がよく出ている。

同じP紙の二〇〇二年八月の調査「マスコミ報道への批判」でも、人権に配慮不足＝三二%、興味本位に騒ぐ＝二八％、見方が一面的＝二三％。「権力批判がたりない」と指摘したのは一一％で、ぐんと落ちている。

ただ、別の中央紙Ｑの結果はすこし違う。この社はＰなど他社に比べてあまり政府批判をせず、紙面で積極的に政策提言をすることで知られているが、「新聞報道で力を入れてほしいと思うものは」との設問（全一〇項目）に対して次のような結果が出ている。

権力や社会の不正を追及する　三四％　四位
新聞社として明確な主張を掲げる　一七％　六位
政策についての提言を積極的におこなう　一六％　七位

この結果だけで見るかぎり、読者は新聞Ｑにもっともっと権力を批判し、不正を追及せよと言っている。半面、Ｑ紙が全力投球している紙面での政策提言や強烈な主張の展開には、皮肉なことに明らかに背を向けている。もしこれらの数字が、Ｐ紙は権力批判色が強い、もっと減らせ、Ｑ紙は逆に権力寄りが過ぎる、もっときちんと追及せよ、という読者の気持ちを表しているとすれば、これは予想以上に鋭いバランス感覚ではある。

「番犬」としての新聞

欧米の新聞倫理綱領の類には「番犬《ウオッチドッグ》」という言葉がよく出てくる。例えば、米国最大の新聞シンジケートで、全米で約一〇〇の新聞を発行している「ガネット」新聞部門の「編集室のための倫理的行動原則」にはこうある。

"We will be vigilant watchdogs of government and institutions that affect the public."(「われわれは、政府、ならびに公衆に影響をあたえる機関に対する用心深い番犬である」)

国際的ジャーナリスト、ジェームス・レストンは言う。「世界の運命を左右する実力を持つ米国政府、特に大統領個人のためになるのは、「イエス・マン」の新聞ではなく、その反対、すなわち、砲列の如くかまびすしく、しかも正確に発射される、批判と事実の活発な砲撃なのだ(7)」。あるいはまたウォーターゲート事件の調査報道で先頭に立った米ワシントン・ポスト編集主幹ベンジャミン・ブラッドリーがインタビューに答えて言っている。「われわれはいつも時の政権と争ってきた。(中略)そのために心配で眠れなかったことなどない。われわれと政権とはゴールが違う。われわれは、真実というこの抽象的なものに関心を持っている。彼らに関心があるのは、真実の中でも自分たちをよく見せるものだけなのだ(8)」

権力は腐敗する。それを防ぐにはだれかが監視しなければならない。その任にあたるのが新聞だ。新聞は読者に雇われた番犬なのだ。だから、新聞は事実をもって権力を批判し続ける。私はそう教わったし、いまもそう信じている。それだけに読者から、新聞の権力批判や企業チェックはほどほどに、と言われると戸惑う以上にさびしい。

だが、権力観が変わったのである。権力と聞いただけで条件反射的に身構える人が減っただけでなく、権力への警戒心が薄れてしまっている。いや、警戒心はあるのだが、それと向き合うのはごめん、かかわるのも勘弁して。とげとげしいのは、とにかく嫌いだ。こういう気持ちの若者が増えていることの反映かもしれない。昔と違って最近の権力はぎらぎらしておらず、民主主義風ファシズムというべきか、つかまえどころのないものが多い。神経質にならないですんでいる理由かもしれない。

「第四の権力＝新聞」説

これは大きな問題である。しかし、これについては新聞にも責任がある。

「第四の権力＝新聞」という説がある。それによれば、新聞はいまや司法・立法・行政の三権と並ぶ権力である。にもかかわらず、新聞人はそれにあまりにも鈍感だ。その同じ権力が他の権力を批判するなんて笑止の沙汰、つまりは内輪の喧嘩だ、つきあいきれない、というのである。私には別の見方があるが、何人もの知人がそう言う。新聞は本気で権力と対決していない。権力の正体を暴こうというしつこさがない。それでいて、権力を批判しています、という顔をして説教したがる。これでは、権力批判を新聞に託したくても託せない、と。

権力と対峙するには、その新聞が物心ともに独立していること、つまり、道義的に金銭的に、どこからも借りがなく、表現の自由という看板が張れること。これが最低条件だ。これについては、現在の日本の日刊紙はおしなべて胸を張って歩けるようである。

しかし、だからといって読者の疑惑が解けるわけではない。役所や企業から記者クラブという施設の提供を受けていて、肝心なときに批判できるのか。記者懇談などで出された情報を、権力側と協議のうえでオフレコ（オフ・ザ・レコード）にして読者に伝えないことがある。これでは権力になめられる。政府関連の審議会メンバーに多数の新聞人が名をつらねているが、その審議会の経過や答申を記事にする場合、公正な報道が期待できるのか。こういった批判はあとを絶たない。

新聞には言い分がある。だが、いまは、読者が新聞をそんな目で見ている、という事実が決定的に重要なのだ。記者クラブ。オフレコ。審議会。読者が重視するこうした課題は、もし扱いを間違えると、新聞が自らを死に追いやりかねない大きな問題である。

嫌われる教え諭すスタイル

権力観の変貌について、もう一つ興味深い現象がある。「第四の権力＝新聞」論が流布され、新聞人のなかからもこれを積極的に肯定して「権力側としての責任」を説く人まで現れる一方で、読者の側はますます醒めた目で新聞を見るようになってきた。新聞の権威など認めない。

新聞と読者は同格である。同じ目線で語れ。つまりは、えらそうな口をきくな、ということだ。「啓蒙的な言い方は、自分が言われるのがいやなので」「正義・正論でぐいぐいやられると、ぼくらの世代は逆に引いてしまう」といった話はいくつもある。

日本の新聞は旧武士階級が農工商階級を教え諭す形で成長した教諭型メディアだ、というのが私の考えだが、この教え諭すスタイルの記事が、いま読者に強く嫌われている。もともと新聞が啓蒙的な物言いに走りやすいのは、自覚を呼びかける相手を本心では信用していないからではないのか。

5　様変わりする記者意識

二〇年ぶりの意識調査

こうした変化と並行するかのように、九〇年代、新聞記者の生き方・考え方も大きく変貌しつつあった。それも、質的な転換である。

日本新聞協会研究所は九三年暮れ、第一線の新聞記者二八〇〇人を対象に意識調査をした。七三年六月に続いて二回目である。(9) 結果は興味深いものだった。こまかな数字は抜いて、特徴的な部分だけを個条書き風に紹介する。

第一に、新聞記者が記者という仕事に自信を失っている。「自分の仕事は世の中の役にたっている」と信じている記者や「仕事にやりがいを感じている」記者は、いずれも四人に一人しかいない。二〇年前は一〇人に九人が「役立っている」と感じ、一〇人に七人が「仕事にやりがいを強く感じ」ていたのである。

第二に、仕事がすべてに優先する、と考える記者が減った。例えば、部外者からは評判が悪いが、きめこまかな取材や裏付け取材には欠かせない〈夜討ち朝駆け〉を「日常的にしている」と答えたのは全体の八％で、「まったくしていない」が三一％、「ほとんどしていない」が二二％だった。ただ、これについては所属する部によって大きな違いがある。政治・経済関連部の記者の二一％は〈夜討ち朝駆け〉を「日常的に」繰り返しており、二八％が「ときどき」、一七％が「たまに」やっている。設問は違うが、二〇年前には、家族・恋人と約束があるとき急に社の用事ができた、さあ、どうする、との問いに、九三％の人が「仕事」と答えている。

第三に、あきらめの早い、つっぱらない記者が増えた。「読者にぜひ知ってほしいと思った記事がボツ（不掲載）になったとき、どうするか」。幹部に直接談判する（四八％）、部会で問題にする（二〇％）に次いで「あきらめる」が一三％。二〇年前の四・四％を大きく上回った。

第四に、問題の所在はわかっているのに動かない、そんな記者が目立ってきた。調査では、読者が抱いているであろう新聞批判を念頭に一二のパターンを設定、妥当なものを複数可で選んでもらった。①発表物が多すぎる、②報道が全体に一過性だ、③画一的・横並び記事が多い――の順で、いずれも七割近い人が指摘した。これに、④表面的だ、⑤批判精神が乏しい、⑥重要なことを書かない――と続く。自分たちの記事のどこに問題があるのか、記者たちは知りすぎるぐらい知っているのだ。にもかかわらず、現実には深く突っ込んだ取材をしていない。

プラス・マイナスの帳尻

これに似た話は、当時すでに取材の第一線から入っていたから、それほどの意外感はなかった。最近の新人は仕事にねばりがない。現場へ何度も足を運ぼうとしない。仕事を人に押しつけたがる。すぐ甘える。酒に誘っても断る。夜討ち朝駆けでしごかれて育った支局長や各部のデスクは、これでいい新聞記者に育てられるか、と真剣に悩んでいた。

こうした実態を見聞し、それを裏付けるような調査結果を見ると、新聞記者は志を失った、といった短絡した結論を出したくなる。なかでも、せっかく力をこめて書いたはずの原稿を一度や二度つっかえされたからといって、信念を曲げて引き下がるなんて最低だと思う。だが、そういうマイナスの部分だけでなく、プラスの部分、つまり記者が新聞という存在を冷静に、突き放して見られるようになった面にも目を向けたい。「社会の木鐸」を気取って天下国家ばかりを論ずるのではなく、まず人びとの足元を見つめることから始めるのなら、新聞として結構な話ではないか。

問題は、そのプラス・マイナスの帳尻にある。夜討ち朝駆け取材をやめるのはいいが、裏付け取材や念押し取材はどんなふうにやるのか。それを記者は実際に提示し、実行しなければ新聞の質は確実に低下する。現場に足を運ぶ。関係者と会う。もう一度、現場へいく。さらに関係者を訪ねる。こういう積み重ねで記事は厚みを増し、間違いは減り、人びとを納得させることができる。記事を書いた本人が「発表物が多すぎる」「報道が一過性だ」などと、他人ごとみたいに言っていてはいけない。発表物でも、書き方を工夫すれば違うものになるだろう。

一過性報道の欠点に気がついているなら、評論家風にあげつらうのではなく、例えば、夜討ち朝駆けをやめて空いた時間にじっくり追っかけてみればいい。私の先輩には、自民党の派閥担当のばかばかしさに愛想が尽きて、日本の政治を数理統計的に分析する手法を確立して、政治記事に新風を吹き込んだ記者がいた。また同僚には、防衛庁担当のあとどの部署に移っても、日本の安全保障を地道に追っかけている記者がいた。

これまで本章で考えてきた九〇年代以降の新聞をとりまく環境の「四つの変化」と記者自身の質的な変貌は、二一世紀の新聞の命運と直結している。だが、新聞界がどこまでこの変化と変貌を実感し、具体的な対応を考えているか、いささか不安である。部数の伸びが止まったといっても、まだまだ売れているではないか。経営的にも大丈夫。その証拠に、この厳しい時代に倒産した新聞社など無しに等しいではないか。――こういう楽観論は、中央紙よりむしろ一県一紙、いわゆる地方紙の一部を中心に根強く残っている。

6　新聞倫理綱領の制定とその後

非難の波が高まって

しかし、二〇〇〇年代になると、さすがに大勢の風は変わりつつある。二〇〇〇年六月、日本新聞協会が新・新聞倫理綱領の制定に踏み切ったのも、その表れのひとつだろう。新聞各社に加え主要な放送各社の加盟する新聞協会が新聞倫理綱領の見直しを決めたのは、九九年一〇月だった。いわゆるメディアスクラムへの怒りがピークに達しようとしているときである。これほど市民とメディアの間で悶着が起きるのは、メディアの人権意識に問題があるからだ。自らの職業倫理を忘れ、だれのための報道か、メディアは見極めがつかなくなっている。彼らの自主性にまかせていては、報道被害は解消できない。――非難の波は高まるばかりだった。

これにとくに敏感に反応したのが新聞界である。新聞はこのころ、再販制度の存廃をめぐって政界・官界・消費者団体とはげしい攻防を展開していたほか、品格に欠ける一部週刊誌の新聞広告の扱いなど、「報道被害」以外にも多くの問題を抱えており、このままでは読者の新聞離れが一段と進む恐れがあった。

旧・新聞倫理綱領は、敗戦直後の一九四六年に制定された熱気あふれる宣言文である。ただ、新聞が情報伝達機能を独占した時代の産物だけに、表現も「公衆はもっぱら新聞紙によって事件および問題の真相を知り」とか「新聞はその有する指導性のゆえに」といった調子である。新聞への市民の反乱など想像もしていなかったに違いない。それに、当時としてはしかたのないことだが、人権擁護の文言がいっさい無いのである。

掲げられた五項目

新聞協会の新聞倫理綱領検討小委員会は、全国主要紙一二社の編集・論説幹部で構成された。私もその一人である。小委員会は九九年一一月から二〇〇〇年六月まで一二回の見直し作業を進めた結果、手直しではなく、まったく新しい綱領案をまとめた。六月、協会はこれを無修正で受け入れ、新・新聞倫理綱領が誕生した。その一部を紹介する。(10)

国民の「知る権利」は民主主義社会をささえる普遍の原理である。この権利は、言論・表現の自由のもと、高い倫理意識を備え、あらゆる権力から独立したメディアが存在して初めて保障される。新聞はそれにもっともふさわしい担い手であり続けたい。

おびただしい量の情報が飛びかう社会では、なにが真実か、どれを選ぶべきか、的確で迅速な判断が強く求められている。新聞の責務は、正確で公正な記事と責任ある論評によってこうした要望にこたえ、公共的、文化的使命を果たすことである。

そのうえで綱領は、①自由と責任、②正確と公正、③独立と寛容、④人権の尊重、⑤品格と節度、の五項目を掲げた。綱領の特徴は、知る権利を盛りこんだこと、表現の自由を旧綱領以上に強調したこと、新聞の独立をうたい、あらゆる勢力からの干渉を排除したことに加え、新聞は人間の尊厳に最高の敬意を払うとして、人権尊重を明確に宣言したことなどである。一方、表現の自由を行使するにあたっての責任、何にも増して求められる報道の正確さと公正さ、品格と節度など、新聞と新聞記者へのきびしい注文が綱領のもうひとつの柱になっている。

この綱領は、新聞をとりまく環境の変化と変貌に対応する第一のステップ、と位置づけられている。それでは綱領はいま、どういう状況におかれているだろうか。新聞の現状と綱領の文言の間に乖離はないのだろうか。これを追究することで、今後の世界の大変化時代と向き合う課題が見えてくるかもしれない。「人権の尊重」など綱領の五項目をキーワードに、ただし順序は入れ換えて、具体例をなるだけ絞って追ってみよう。

①自由と責任

表現の自由が歴史的な転換点に立たされている。それも新聞にとってきわめて不利な形で。この流れは、すでに見てきたとおりである。新聞は、これにどこまで危機意識をもって対応しようとしているか。二〇〇二年、個人情報保護法案と人権擁護法案がいったん廃案になるまでの新聞界の足並みの乱れを見ていると、非常に不安である。

両法案は表現・報道の自由を侵すおそれがある。これがメディア各界の共通した認識だった。とくに読売新聞社社長・渡辺恒雄が会長を務める日本新聞協会は、機会あるごとにその非を訴えてきており、大筋「廃案・出直し」で協会加盟社の足並みはそろっていたはずだった。二〇〇二年四月、両法案の国会での審議入りに際しては、わざわざ緊急声明を出して反対を表明している。

ところが、それから日も浅い五月一二日付読売新聞は、一面トップで「『報道の自由』と両立を／修正試案を本社提言」を掲載した。その柱は、例えば個人情報保護法の場合、同法案がメディアを含むすべての人に守るよう求めている五項目の基本原則のうち、「透明性の確保」だけは報道分野への適用を除外する、などである。

翌日、首相の小泉純一郎は自民党幹事長・山崎拓に「この読売試案を参考にして、両法案の修正を検討せよ」と指示した。間髪を入れぬタイミングのよさに、事前に了解ずみだったのかと思わせたほどである。当然、世間は新聞協会会長の出身母体が転針したと受けとめた。新聞界の足並みは乱れた。
しかし、朝日、毎日の両新聞をはじめほとんどの新聞がこれに異を唱えた。その一つ、北海道新聞の社説の一部を紹介する。「一定数以上の個人情報を扱う者すべてを規制対象にしたこの法案は、市民の自由な表現活動を妨げる要素が強すぎる。特定の大新聞がよければ「青信号」を出せるような法案ではない」[11]。また、月刊誌『文藝春秋』は「新聞エンマ帖」で激しく批判、そのタイトルを「読売案は〈歴史の汚点〉」とした。

新聞社がそれぞれの主張を述べるのは当然のことである。ただ、今回は、新聞界が結束して戦いを続けているときに、それを曖昧にしかねない動きが出てきて、後味の悪い結果となった。新聞倫理綱領で「人間の基本的権利」と最大限にうたいあげられ、新聞にとって生命線の「表現の自由」だが、解釈の違い、対応の違いは今後さらに尖鋭化することが予想される。表現の自由は内部からも崩壊しかねない危険をはらんでいる。

②人権の尊重

綱領の類は簡潔を旨とするから、どうしても抽象的になる。しかも策定してしまえばそれで終わり、というのが少なくない。新聞倫理綱領が同じ轍を踏まないという保証はないのである。例えばメディアスクラムにどう向かい合うか、新聞も、他のメディアも、依然として歩調をそろえられないでいる。そうしている間にも市民のいらだちは増していく。すでに二〇社以上の新聞社が二〇〇〇年一〇月以降、自主的なオンブズマン組織を発足させ、人権をめぐる報道被害の解消をめざして努力しているが、それがどの程度、新聞の信用回復につながるか、まだ未知数のままである。

加えてオンブズマン組織の活動は、その性格上、どうしても報道被害の後追いの形にならざるを得ない。報道被害を未然に防ぐための新聞社・新聞記者の具体的な行動がぜひとも必要である。ひとつの方法は、記者行動規範のような、具体的で、すぐ現場で役立つマニュアルを、倫理綱領を発展させる形で別建てでつくることである。編集記者にかぎらない。販売、広告などの分野ごとに、それぞれの職業倫理にもとづいた行動規範が策定されるならば、そしてそれが一般に公開されるならば、読者の側もそれを基準にした新聞批判ができるから、新聞と読者の双方向の対話にも役立つだろう。

欧米諸国では新聞記者に行動規範はつきもので、いずれも具体的なのが特徴だ。次項であげるワシントン・ポスト紙の〈基準と倫理〉も記者行動規範である。人権に関しては、英国プレス苦情委員会の〈行動規範〉の一節を紹介する。

個人の私生活に対する同意なしの侵入および調査は、私的な場所にいる人びとを同意なしで望遠レンズを使って撮影することを含め、一般的には許されない。その公表が正当化されるのは公共の利益が存する場合だけである。／注　私的な場所とは、庭や付属の建物を含む私的な住居であって、隣接の公園や広場は含まない。さらに、ホテルの寝室（ホテルの他の場所は含まない）ならびに病院や療養施設のうちで患者が治療を受け、あるいは休む場所と定義づける。

ここまで細かく規定されていると、例えば和歌山カレー事件の際の取材が行動規範に反する行動かどうか、すぐに、だれにでも判定できる。

日本にも記者行動規範をつくる動きが始まっている。私は新聞協会理事会の依頼を受けて「私案「新聞記者行動規範」　われわれはかく行動する」を執筆した。(12)

「記者は、人権に配慮した記事を書く。出自や所属によって差別するような表現は避けるべきである。また、有罪判決が出るまでの被疑者は法律上、まだ無罪であることに留意せよ」「記者は、独立と尊厳を重視する。官民を問わず、報道に影響をあたえようとする勢力との間には緊張感が必要で、独立と尊厳に疑問を持たれるような行動をとってはならない」など八項目で、それぞれに具体的な解説をつけた。私案の公表後、読売新聞、産経新聞、中国新聞、新潟日報などが独自の行動規範や記者指針を策定した。

人権の尊重はすべての出発点だ。ただ、気をつけたいのは、神経質になりすぎて、あれも書かないこれも書かない、となりやすいことである。住所・氏名、性別・年齢など個人情報の公開は、加害者・被害者のプライバシーにどこかで触れるだろう。犯罪の動機も記事の大事な要素だが、これも筆を誤ると人の尊厳を侵すだろう。だが、とくに政治家など公人の場合、記者の側が最初から自己規制し、知っていても書かないとなると、もはや新聞記者ではない。では、書くか書かないかの線はどこで引くか。「人権」を言葉としてもてあそぶのではなく、相手に飛び込んで肌でそれを実感する。そんな積み重ねと過去・現在をつなぐ研修によって、おのずから会得していくものではないか。記者研修については各社ばらばらでなく、例えば日本新聞協会がすべてのジャーナリストを対象に、共通かつ包括的な内容のものを定期的に実施すべきであろう。

③独立と寛容

さまざまな権力からの容喙を排斥するには、新聞はまず財政面で独立しなければならない。当然のことである。しかし、これと並んで重要なもうひとつの独立、すなわち職業倫理面での独立はもっと重視されなければならない。記者クラブ制度、政府機関審議会への新聞人参加の問題を手掛かりに、新聞の独立について考える。

現行の記者クラブ制度は解体すべきである。この考えは、いまも変わらない。

記者クラブは百害あって一利なし、という極端な説を私はとらない。例えば新聞がスクラムを組んで権力を日夜監視できる、といった功績はたしかにある。この場合のメディアスクラムは集団的過熱報道と違って有益で、効果もある。自分の体験から言っても、当該クラブ員でなかったら、けんもほろろ、門前払いをくっただろうケースはいくつもある。しかし、いまはまさに読者がそれに疑問符をつけている時代である。新聞がそれを強調すればするほど逆効果になるだろう。新聞が独立し自立するうえで、プラスよりマイナスが多い以上、ここは出直すしかない。そう確信する理由をひとつだけあげる。

防衛庁が情報公開請求者の身元を調査――二〇〇二年五月、毎日新聞記者・大治朋子のスクープだった。きわめて重要な事態であり、論じるべきことがたくさんある問題だ。だが、ここでは、そのとき防衛庁記者クラブはどうしたか、だけにかぎって話を進めよう。

この記事が出たあと、防衛庁首脳は何回もクラブ加盟記者団と会見した。大治の手記[13]から、その際の出来事を三つ、エピソード風に紹介する。

(1)会見での防衛庁長官・中谷元の発言に不審をもった大治は、さらにその点を追及しようとする。そのとき記者団から「大臣、(中略)誤解のないように言い直したほうがいいですよ」との声があがった。長官は「わかりました」と言って発言を修正した。

(2)会見が終わると、中年の男性が「どちらの社ですか」と聞く。「どちらさまですか」と聞き返すと「防衛庁広報です」。名乗ると「記者クラブに入っていますか。入ってない方は(会見には)入れないのですよ」。彼女がクラブ員であることを知らなかったらしい。

(3)この問題に関する内部調査の結果発表の席で、大治は法解釈をめぐって防衛庁側とやりとりした。すると、クラブのメンバーから「後で個別に聞いてくれないか」と言われた(「締め切り時間が迫っていたこともあり」と彼女はきちんと記している)。

もうひとつ、政府機関の審議会に現役の新聞人は参加すべきでない。これも変わらない。国語審議会など例外はある。小笠原群島振興といった、だれもが敬遠しがちな、だが島民には大事な審議会についても、めくじらをたてるには及ぶまい。しかし、財政、金融、税制、選挙など国家の中核にかかわる審議会は別である。ときの政権の招きを受け、あるいは自ら売り込んで、新聞人がそこに名をつらねるのはやめたほうがいい。審議会が政府寄りに暴走するようなとき新聞はその歯止めになるのだとか、新聞が国家政策策定の段階から論議に参加するのはむしろ新聞の責務だとか、そんな意見があることは承知している。だが、それは思い上がりに近い。それに、特定の分野で、その方面の専門家を押しのけて、というほどの学識を持っている新聞人は、そう多くない。新聞人としての主張なら紙面でやればいい。それが新聞の特権であり、権力の腐敗を防ぐ番犬の役割である。なお、信濃毎日新聞社はいっさいの公的審議会への参加を謝絶している。

この問題について、欧米諸国の新聞の姿勢は明快かつ禁欲的である。

米国新聞編集者協会の〈原則声明〉は「ジャーナリストの尊厳を傷つけたり、傷つけているように見えるものを受け取るべきではないし、またそのような活動をおこなうべきではない」という。米ワシントン・ポスト紙の〈基準と倫理〉は「多くの外部活動や仕事は、独立した新聞の本来の仕事とは両立しない」と述べたあと、次のように続く。

"Connections with government are among the most objectionable."(「政府との結びつきはもっとも反対すべきものの一つである」)

④品格と節度

森喜朗政権下の二〇〇〇年六月のことである。首相官邸構内にある内閣記者会(首相官邸クラブ)の共用複写機のなかに、A4サイズ用紙一枚、ワープロでびっしり書かれた「明日の記者会見についての私見」と題する文書が残っていた。コピーのあと、だれかが原本を忘れたものらしい。内閣記者会の調べで「容疑者」が浮上した。だが、決め手がない。当の人物も彼が所属するNHKも否定した。真相はいまもわからない。

いわゆる首相会見指南書事件である。「日本は神の国」発言で窮地に立った首相の森に、あすの会見ではこうせよああせよと、記者クラブのだれかが知恵をつけたというのだ。その内容は、職業倫理を共有する者として怒る前に恥ずかしくなるような代物である。

これは記録にとどめておく価値がある。新聞、放送を問わず記者の「品格と節度」を口にするたびに、何度でも読みかえしたいと思う。少し長いが、原文のまま記す(一〇〇～一〇一ページ)。

⑤正確と公正

正確で公正な報道は、新聞の最低条件である。記者ならだれもが知っている。では、新聞が正確に、公正に報道するというのはどういうことか。実はこれが案外むずかしい。以下に四つの視点を挙げたうえで、この問題について少し立ち入って考えてみたい。

第一に、例えば「誤爆」という言葉がある。九一年の湾岸戦争で、九九年のユーゴ・コソボ空爆で、二〇〇一年のアフガニスタン攻撃で、新聞に繰り返し登場した。いまではあまり気にしないで使っているが、それはどこまで正確なのか。公正なのか。

「誤って」爆撃して住民を殺傷した、と攻撃した側が発表した(なかなか認めたがらないケースが少なくないが)。精密兵器をそろえてピンポイント攻撃の成果を誇る超軍事大国が、そう何回も「誤って」空爆するとは、にわかに信じがたいことだが、戦争はプロパガンダの場でもある。米側がそう発表するのは仕方がないとしよう。だが、日本の新聞がかぎカッコもつけずに誤爆と報ずるとき、それはだれが、どういう方法で確認し、判定したのか、新聞は説明して

資料「明日の記者会見についての私見」(二〇〇〇年六月)

▼今回、記者会見を行うことによって、「党首討論はやらなかったが、森総理は、この問題で逃げていない」という印象を与えることはできると思います。ただ、今回の会見は大変、リスキーで、これまでと同じ説明に終始していると、結局、民放も含め各マスコミとも、「森首相〝神の国発言〟撤回せず　弁明に終始」といった見出しを付けられることは、間違いないと思ってください。官邸クラブの雰囲気をみますと、朝日新聞は「この問題で、森内閣を潰す」という明確な方針のもと、徹底して攻めることを宣言していますし、他の各マスコミとも依然として「この際、徹底的に叩くしかない」という雰囲気です。

▼「間違ったことは言っていないし、これまでの国会答弁などとの整合性を考えると、発言の撤回はできない」という意見は、よく判ります。また官房長官も昨日、会見で「撤回は考えていない」と言っているので、官房長官発言との整合性もあるでしょう。しかし、会見する以上、総理の口から「撤回」と言わないまでも、「事実上の撤回」とマスコミが報道するような発言が、必要だと思います。そうすれば、マスコミも野党もこの問題をこれまでのような調子で追及することはできなくなります。その場合、「なぜ、これまでの発言と変えたのか?」と質問されると思いますが、その時は、「真意を分かってもらえば、誤解は溶けると思ってきたが、その後も現実に、多くの方に誤解を与え、迷惑をかけたので」と言えばよいと思います。

▽「事実上の撤回」と受け取ってもらうための言い方ですが、「私の発言全体を聞いてもらえば、決して間違ったことを言っているのではないことは理解してもらえると思ってきたが、一部、発言に舌足らずのところがあり、現実に、多くの方に誤解を与え、また迷惑をかけたことは事実だ。従って、発言全体の趣旨について撤回するつもりはないが、『日本は天皇を中心にしている神の国である』と発言した部分については、取り消したい」などと冒頭で言明した上で、神崎代表が言っているように、国民主権と信教の自由を堅持することを明確に説明すればいいと思います。いずれにしろ、こうした発言は、冒頭で明確に言った方がよいと思います。また、こうした方針の転換をするのであれば、事前に官房長官と幹事長に了解していてもらうことが不可欠だと思います。公明党から直ちに歓迎の声をあげてもらうことも必要です。

▽会見では、準備した言い回しを、決して変えてはいけないと思います。色々な角度から追及されると思いますが、繰り返しで切り抜け、決して余計なことは言わずに、質問をはぐらかす言い方で切り抜けるしかありません。先日、総理自身が言っておられたように、ストレートな受け答えは禁物です。それと、朝日などが騒いだとしても、くれぐれも時間オーバーをしないことです。冒頭発言も短くし、いつく《ママ》か質問を受け付けて、二十五分という所定の時間がきたら、役人に強引に打ち切らせるようにしないと、墓穴を掘ることになりかねません。(近藤広報官にそれが出来るかどうか心配ですが)総理就任の会見の際も、最初は好評だったのに、予定をオーバーした際の質問に、総理が丁寧に答えていた部分が、逆に大変、不評でした。くれぐれも、会見を長くしないよう、肝に命《ママ》じておいて下さい。

くれない。多くの人はふしぎに思っているのではないか。

この世に「事実」は山ほどある。紙面の都合でそれらをぜんぶ報道するわけにはいかない。このことはわかる。しかし、紙面化するかどうか、その選択が恣意的になされたらどうなるか。新聞はフォーラムの役割をもつ。一人でいくつもの新聞をとっている人は少ないから、可能なかぎり賛否両論を、さまざまな事実を、さまざまな見解を、読者に示してこそ「公正」といえるのではないか。それを新聞はやっているか。これが、第二のポイントである。

さきに紹介した調査結果にあったように、報道が一過性にすぎる、という印象を多くの記者がもっている。新聞倫理綱領の制定後も、非核三原則、イージス艦の派遣、ミサイル防衛(MD)などの問題をめぐって、小泉政権の重要閣僚がきわどい発言をして、そのときは新聞も大きくとりあげた。だが、いずれも間もなく紙面から消えていく。事実は報道しているが、報道という大枠で考えるとき、それは正確で公正といえるか。これが、第三の論点である。重要なニュースが多すぎて追う余裕がないのかもしれないが、新聞の強みである猟犬性といったものがなくなった、あるいは記者の執念性が薄れた、ということはないか。

最後に表現の問題がある。文章がむずかしくてよくわからない(難解)。肝心なことが書いてないから状況がつかめない(データ不足)。パソコン検索や既刊本で得た情報にもとづいて書かれているため、なにか他人事みたい(足を使わない)。いずれも、事実どおりという点では正確かもしれないが、正確な「報道」とは言えないのではないか。

「誤爆」という言葉

「誤爆」。この言葉はいつごろから使われているのだろうか。朝日新聞の記事データベースで検索したかぎりでは、八四年一〇月二九日付の朝刊に掲載された「自立険しいグレナダ、米軍侵攻から一年　米の巨額経済援助が支え」という特派員電が最初で、「誤爆された精神病院はいまだに修復されていない」とある。その後は「リビア爆撃で米国防総省、市街地の誤爆を認める」(八六年五月)、「ペルシャ湾で米艦、ミサイル被弾　イラクが誤発射　乗組員死傷」(八七年五月)などがあるが、まだまだ少数だ。

頻度が急に増すのは湾岸戦争の九一年以降で「誤爆報道正しい　CNN記者が反論　湾岸戦争」(九一年二月)、「もし事実なら間違いによる　英軍が誤爆示唆　バグダッドの防空壕爆撃」(九一年二月)などとある。九〇年代後半以降はさらに増え、多すぎて例をあげきれないほどだ。

日本の新聞が「誤爆」という言葉を使う根拠は何か。翻訳だとすれば、元の言葉は何か。英文メディアを見てみよう。例示はすべてCNN.comからの引用である。

"NATO confirms 'mistakenly' bombing civilians in convoy."(April 15, 1999)

"If true, it would be the second bus mistakenly struck by NATO bombs in three days."(May 3, 1999)

"The Pentagon Tuesday admitted it mistakenly targeted an International Red Cross warehouse in Kabul in its bomb attack on the city earlier in the day."(October 17, 2001)

このように"mistakenly bomb(attack)"が一般的で、これが日本の新聞が「誤爆」と書く根拠になっている。専門家によると、"US bomb error kills 70"といったはげしい見出しがあるほか、"accidental"(「偶然の」)を使ってミスを弱めた感じを出すケースもある。

もうひとつ別の言葉も使われている。"collateral damage"である。直訳すれば「付随的な被害」、あるいは「二次的な被害」。これが、巻き込まれた、あるいは巻き添えをくった被害、と訳されているという。付随的だの二次的だのと、非戦闘員たる現地住民はなんだか人間でないかのようなニュアンスがある。

"The attacks were carried out 'without significant collateral damage to civilian life or infrastructure,' Wilby said."(March 28, 1999)

"However, military officials acknowledged that some weapons missed their targets causing unintended collateral damage."(April 9, 2002)

映画通の友人の教示によると、シュワルツェネッガー主演の映画に「コラテラル・ダメージ」というのがあるそうだ。シチュエーションはぜんぜん違うが、そこではこの言葉を「国家の目的のための犠牲」と説明していたという。

これで「誤爆」にもいろいろあり、英文メディアはいくつか使いわけていることがわかる。いちばん肝心な「意図的かどうか」はなかなかわからないにしても、すべてが、間違いました、を意味する「誤爆」ですむわけではあるまい。誤爆と書くことで、空爆した側には現地住民に被害をもたらす意図はなかったのだが、という印象を知らず知らずの間に読者にあたえてしまっている。

現場で取材した日本人記者の話では、米軍・反米軍の双方の発表と被害の対象・状況などの情報をもとに、これは誤爆だ、あるいは巻き込まれだ、と記者が判断する。ただ、被害状況を自分の目で確かめることはまずできないから、結局は「民間人が多く犠牲になっているかどうか」を判断の目安にする。その努力は評価されていい。あとは東京の外信部長会の仕事である。実態を検証することのないまま、判で押したように誤爆と訳し、見出しに大きくうたうことはやめたほうがいい。せめて、なぜ「誤爆」としたか、現地記者の判断を注記すべきだろう。

フォーラム性と多様性

報道の正確さと公正さを確保するうえでフォーラム性は無視できない。フォーラム性とは、多種多様な意見を紹介し議論の場を提供する機能である。これは新聞がどこまで読者に対して公正か、を計るバロメーターの役割を果たすものだ。そのうえ、一覧性にすぐれた新聞の得意な分野であり、異なった見解にも耳を傾けることで民主主義の強化にも役立つ、新聞としての最大の任務のひとつである。だからこそ、新聞はさまざまな読者の投稿欄を充実し、識者による評論欄を強化しているのである。こうしたことを通じて、どの新聞でも意見の多様性が確保されているように思える。

ところが、必ずしもそうでないことがわかった。上智大学教授・藤田博司のゼミでは、九・一一同時多発テロ直後の二〇〇一年九月一二日から一〇月一四日までの、朝日・毎日・読売・産経の四紙の識者評論、読者投稿、社説を点検した。次の二点について、どのような意見が伝えられたか、ごくおおまかに支持、不支持、中立に色分けして数えてみた(14)。

(a)九・一一攻撃に対する米国の軍事行動について

識者評論の記事件数は、朝日三五、毎日二七、読売一〇、産経一三。支持対不支持をパーセントで示すと、朝日二九対五七、毎日二一対七二、読売八〇対〇。産経六二対一五(残りはいずれも「中立」)。不支持の意見が掲載ゼロという読売がきわだっている。

(b)日本の自衛隊の海外派遣について

識者評論の賛否の比率(%)は、朝日が賛成四七対反対四九、毎日が二一対七二、読売が七七対〇、産経が八五対〇。読売に加え産経も不支持の意見をまったく紹介していない。読者の投稿欄でも同じである。朝日は投稿数三九で、うち反対が二九。毎日は投稿四件で反対が三。ところが読売は五件で反対〇、産経は一四件で反対〇である。

投稿欄の場合、読者から反対の投書がないのだから仕方がない、という言い方はできるだろう。だが、識者評論の場合は、新聞社から執筆を依頼することが多いわけで、賛否いずれにせよゼロというのは、読者にとって妥当性を欠く。おのれの主張のいかんにかかわりなく、賛否両論、読者が判断する材料を提供するのは新聞の務めであるはずだ。

しかし、九・一一後の米国の新聞やテレビの報道を見ていると、「ならず者」の代弁者に紙面や時間を割くことは利敵行為だ、といった権力側の意向に沿ったものが少なくない。ニューヨーク・タイムズとワシントン・ポストでさえ、九・一一後三週間の評論欄には、米国の軍事行動を支持する記事ばかりで、批判派の意見はほとんど出なかったという。こういう流れが大きくなると、新聞の公正さは崩れ、権力の意のままに動かされていく危険がある。日本の新聞にとって、九・一一後の米国のメディアの動向は、他山の石である。

「事実」と「真実」の谷間

二〇〇二年一二月一七日、防衛庁長官の石破茂は米国防総省で国防長官ラムズフェルドと会談した。そのときの様子を日本の新聞は一八日付朝刊でこう伝えている。「石破氏は日米が共同で技術研究を進めるミサイル防衛(MD)について、「将来における開発・配備を視野に入れたうえで検討を行いたい」と述べ、現在の研究段階から開発・配備段階へ移行する場合の問題点などを具体的に検討する考えを伝えた。ラムズフェルド氏は石破氏の意向を歓迎した」「石破氏は会談後の記者会見で(中略)「MD技術の急速な進展を受け、費用対効果などを我々がどう考えるかを示さなければ、その議論にならない」と述べた」

見出しは、朝日、毎日とも同じで、「ミサイル防衛「開発・配備も視野」」。一面四段ないし五段の扱いだ。その横に「米声明 MD配備〇四年までに」という記事が載っている。読売は逆にMD配備の米大統領声明が一面トップ。それに副える形で四段一本見出し「開発へ移行検討 防衛長官、米に声明」と扱いはぐんと小さくなる。三紙ともポイントがMDの開発・配備にあることは押さえている。

そのどこが問題か。毎日は「政府は九八年一二月の官房長官談話で「開発・配備段階への移行は、技術的な実現可能性などを検討し、別途判断する」と表明している」と書いている。なるほど。一応はわかったが、朝日、読売にはそのデータすらない。それに三紙とも関連記事を載せてはいるが、朝日、毎日は米国のMD配備に主に焦点をあてたもので、「憲法と巨額費用の壁/ミサイル防衛「開発」なら年一〇〇〇億超」という見出しを立てて論じたのは読売だけである。

その日の朝日の夕刊。ベタ、つまり一段見出しで「ミサイル防衛、政府方針不変」という首相の談話があるだけ。一九日付朝刊になってやっと四段見出しで「防衛庁長官のMD巡る発言／政府、なお慎重姿勢／「対米公約化」に懸念も」が載り、「石破長官の発言は、防衛庁内で周到に用意されたものだった」など、その背景を明らかにした。だが、肝心の日本政府の姿勢については「首相や福田官房長官は、石破発言がこの「談話」(九八年一二月の官房長官談話)から踏み出したものではないと、そろって強調した」とあるだけである。しかも、石破の「(開発・配備を)検討するとは言っていない」という言い分が一九日夕刊にベタ記事で出ている。では、一八日の各紙の記事は間違いなのか。それをなぜ質さないのだろう、と読者は思う。だが、それ以後は二二日朝刊に「石破長官、MD発言　防戦しきり」とちょっと焦点がぼけた感じの記事、二三日付の社説「そんなに急ぐべきことか」(毎日は一九日付で「「開発・配備」段階は気が早い」)が掲載されただけで、疑問に答えるような記事はない。これは朝日・毎日・読売、似たりよったりである。

政府の統一見解がある。それを同盟国の要請もあって一歩進めたい。しかし、それを表立っていうと世論がうるさい。ここで、それに沿うような微妙な発言を閣僚なり与党首脳なりがする。新聞がとりあげる。そんなことは言っていない、と否定する。あるいは、統一見解からはずれていない、と強調する。ときには首相が閣僚を呼んで注意する。閣僚は「舌足らずだった」と釈明しておさまる。新聞もそれですませてしまう。こういうパターンをいくつか見てきたような気がする。非核三原則をめぐる官房長官・福田康夫の発言処理がそうだったし、イージス艦のインド洋派遣のときもそうだったのではないか。

二〇〇二年七月、官房長官の福田は衆院有事法制特別委員会で、武力攻撃が起きる事態にあっては「思想、良心、信仰の自由が制約を受けることはありうる」と述べた。これが野党からも新聞からも問題にされずに終わったことに深い危惧を覚える。戦争になればそうだろう、仕方ないか、と思うのではなく、もっと深層部を、もっとしつこく、猟犬のように追跡しないと、新聞は退屈で、つるりとしたものに成り下がるのではないか。

おばあさんがわかるように

読者の多くは、いまも記事の難解さとデータ不足に悩んでいる。「誤爆」の類と違って、表現についてのこの種の問題の改善には、どの新聞社も熱心に取り組んではいる。漢字を減らせ。専門用語は言い換えよ。むずかしい文字にはカナをふれ。注や解説をつけよ。図表を忘れるな。そう言われてきたし、そう言い続けてもきた。だが、パソコンで出稿するようになって、とくにひどくなったような気がする。

言葉がむずかしい。例えば毒性等量換算。給源の多様化。変形労働時間制。(配管の)成型工程。電力線通信。――解説がないと、だれにも理解できない。

データに乏しい。新聞がテレビとの勝負に勝とうと思ったら、詳しいデータは新聞で、とやるしかない。そのデータが十分でない。犯罪を犯した在日米軍兵士の身柄を米側が引き渡さないというニュースのとき、だれもがなぜだろうと思う。ここはぜひ、日米地位協定とその運用状況をきちんと報じたいところだ。もうひとつ。殺人容疑の少年(当時)に死刑の判決があった。どういう根拠か知りたい。しかし「八三年に最高裁が示した死刑適用基準を引用し」とあるだけでは、その基準がどういうものかがわからない。

現場に行かない。そんな話を聞いたので各地の支局に出かけてみた。かなり誇張された面もあって一応ほっとした覚えがある。だが、歩かなくなったことは事実だ。それには事情もあるだろう。県内のニュースを主に掲載するいわゆる県版は、私が支局勤務のころは一ページだった。いまは連日二～三ページ。四ページという社もある。それだけ仕事は増えた。それに電子機器の発達で、降版前の紙面、いわゆる大刷りがそのまま支局へファックスで送られてくる。そのチェックに相当な時間を割かなければならない。

だが、現場主義はどんな時代でも取材の基本だ。現場に行かないで、すべて警察発表だけで火事や事故などの事件を処理したり、パソコン検索で件数比較表をこしらえるだけで満足していたのでは、人間のぬくもりのある記事は書けないし、したがって正確な報道もできない。街の祭りについて書いてこいといわれた記者が、現場にはいっさい足を運ぶことなく、日本中の祭礼風景をパソコン検索で呼び出して一本にまとめて出稿した、という話を聞いたことがある。それが高じると、インターネット上の記事を複写して張りつけるカット(コピー)・アンド・ペースト、略してカトペ、あるいはコピペに発展する。ネットを通じて他人の記事を無断で原稿にとりこむのだから、これはまぎれもない記事盗用である。この種の不祥事が二〇〇〇年だけで五、六件発覚した。

拉致事件の被害者が二四年ぶりに郷里の佐渡島に帰ったとき、朝毎読三紙の一面コラムはそろって石川啄木の和歌を引用した。フリージャーナリストの玉木明が書いている。「三大紙が揃いも揃って啄木とは、恐れ入った話である。これを恥ずかしく思わないとすれば、記者意識の頽廃というべきだろう。なぜ、こういうことになるのか。/筆者が現場に足を運ぶことなく、ただ机に向かって記事を書いているからにちがいない。一歩でも佐渡島の地を踏んでいれば、まったくちがった記事になっていたはずだ。少なくとも、啄木などを引っぱり出さずにすんだはずである」(15)

注

(1) 第四四回新聞研究中央集会での発言(『新聞労連』二〇〇一年六月一日号)
(2) 朝日新聞〈大阪〉(一九九八年一〇月一六日付)
(3) 坂井眞「メディアの暴力を許さない」(『世界』二〇〇一年一〇月号)
(4) 松井茂記「「報道の自由」をめぐる社会環境の変化」(『日本記者クラブ会報 記録版』二〇〇二年一〇月一八日号)
(5) 佐藤俊樹「総中流社会の崩壊とメディア離れ」(朝日新聞社談話会での講演、二〇〇二年)
(6) 耳塚寛明ら「先鋭化する学力の二極分化」(『論座』二〇〇二年一一月号)
(7) ジェームス・レストン『新聞と政治の対決』(鹿島出版会、一九六七年)
(8) 読売新聞(一九九一年九月二三日付)
(9) 「現代の新聞記者意識　調査結果報告」(『新聞研究』一九七三年一〇月号)。「現代新聞記者像――「新聞記者アンケート」から」(同、一九九四年五、六月号)
(10) 中馬清福「新「新聞倫理綱領」制定にあたって」(同、二〇〇〇年八月号)
(11) 「紙面展望」(『新聞協会報』二〇〇二年五月二六日号)
(12) 中馬清福「われわれはかく行動する」(『新聞研究』二〇〇一年五月号)
(13) 大治朋子「防衛庁リスト問題スクープはこうして生まれた」(『創』二〇〇二年一一月号)
(14) 藤田博司「フォーラムとしての新聞」(『新聞通信調査会報』二〇〇二年一月一日号)
(15) 毎日新聞(二〇〇二年一〇月二九日付)

第三章　生き抜くために——新聞の明日

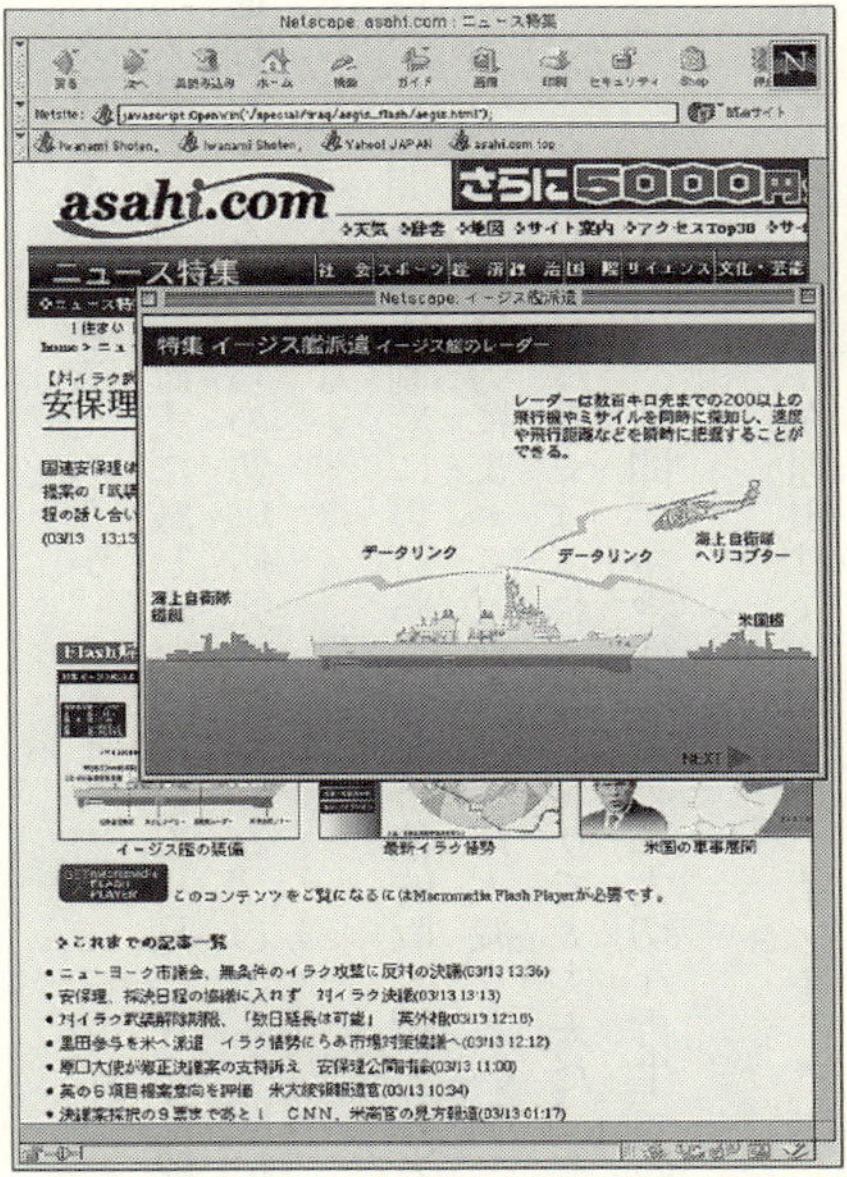

「紙」から「電子」へ——朝日新聞社のホームページ

1　二一世紀前半の日本と新聞

再生の道の模索

二一世紀、新聞は生きながらえることができるだろうか。これまで書いてきたように、新聞をとりまく環境も、新聞を見る人びとの目も、確実に厳しくなっている。見た目には健康そうだが、実は深い部分で静かに進行している、たちの悪い病気に似ている。しかも今世紀、悪い材料は増えこそすれ、減ることはまず考えられない。

だが、新聞業界の動きは緩慢だ。新聞専売店制度に裏打ちされた排他的販売網で読者を囲い込むやり方で、ということは販売店の大きな努力によって、部数はまだ大減りというところまでいっていない。そのせいか、このところ、しばらくはこれまでどおりで大丈夫だ、という奇妙な安堵感さえ漂い始めている。この調子では、新聞が生き残るために大切な再生への決断はますます遅れるだろう。

この第三章では、時代の変化とともに新聞の存在理由はなくなった、インターネットやマルチメディアに席を譲って退場せよ、と決めつけてしまうべきなのだろうか。これがだめだ、あれもだめだ、といった調子で新聞を叱咤したあげく、思いつきの域を出ない貧弱な再生策を列挙して終わりにすべきなのだろうか。そのいずれも建設的ではないだろう。ここではまず、方向感覚が定まらないままの状態で進めば、二一世紀前半、例えば二〇二五年ごろ、新聞はこうなるかもしれないという姿を描いてみる。そのうえで、それを地獄絵にしないための方策を考えることにしよう。

二〇二五年ごろの日本

そもそも二〇二五年ごろの日本はどんな姿をしているだろうか。

今世紀、この国は人口が減り続けて、壮年期から老年期への移行を完了する(図3)。世界でも例を見ない速度で少子化・超高齢化が進み、生産の担い手は減っていく。といって、伝統的に他からの移民を嫌う国民性は容易に変えられない。企業、とくに生産部門の海外シフトはさらに進行する。GNPの伸びは止まり、あるいは下落していく。大量生産社会が終わり、大量消費社会も終わる。

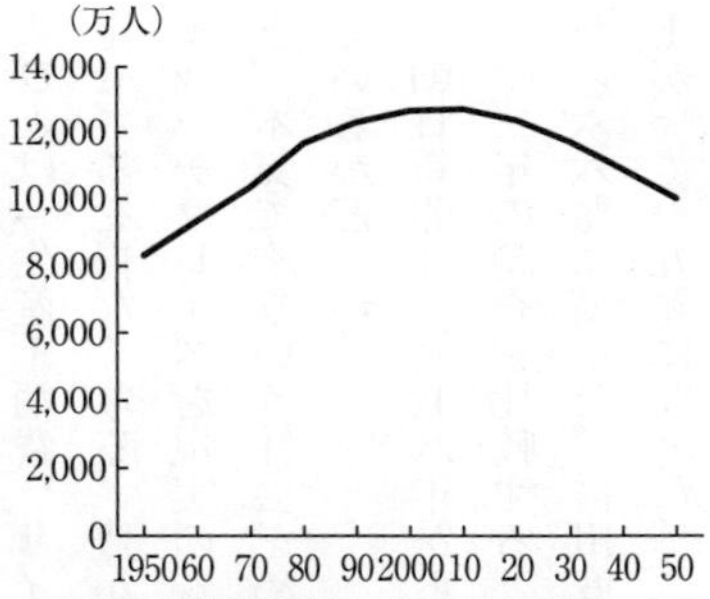

資料：総務省統計局，国立社会保障・人口問題研究所

図3　総人口の推移と予測

人びとは「生産—消費」サイクルで豊かになれる、という発想と決別し、新しい生活目標を設定せざるを得なくなる。豊かさをわかちあえる社会。協力と分配に重きをおく社会。こうしたキャッチフレーズを現実のものにするためには、成長イコール豊かさではないという意識改革と、本気でそういう社会をめざす国政改革が必要だが、さて、二〇二五年ごろ、それが実現しているかどうか。

朝日新聞は一九七八年から毎年末、国民意識調査をしている。第一回と二五回目にあたる二〇〇二年の調査を比較すると考えさせられることが多い。老後に不安を感じている人は三六％から六六％に増えた。信用度ではあいかわらず「政治家」が最低で、それも二〇％からさらに下がって一五％になった。二〇二五年ごろ、「天気予報」(信用度九二％)まではいかなくても、せめて「占い」(同三〇％)ぐらいは追い越して、政治家が国政に打ち込んでくれていることを期待したいが、自信は持てない。逆に金持ち優遇政策などで手っとり早く「財政再建」をなし遂げようとする可能性すらある。

そうはならないにしても、中間層の二分化現象が進むほか、貧富の格差は戦後の日本が経験したことのないほど、拡大しているはずである。八〇年代の米国では、ごく少数の最富裕層に富が集中して貧富の差が拡大した。これに似た道を日本は歩んでいくだろう。当時の米国がそうだったように、豊かさと貧困が同居する結果、日本でも犯罪が増える一方で、これまで以上に検挙率が下がることは確実である。

家庭・価値観・常識・活字

家庭の風景はどうか。医療費、年金など、社会福祉の面での公的施策は確実に後退しているだろう。高齢者の介護問題はますます深刻化し、あちこちの家庭で波風が絶えない。結婚は減り、離婚は増える。世帯数は二〇一五年あたりをピークに下降に転じる（図4）が、若い男女のみならず高齢者の単身者世帯、それに高齢者夫婦のみの世帯は間違いなく増える。当然、介護を必要とする高齢者世帯も増える。だが、国の施策に大きな期待はできない。献身的だが、すでに限界に達している家族・ヘルパーが主体、という状態が続いているだろう。人びとは国の社会福祉システムを信用しなくなり、自分の老後は自分で守るという意識を強めるから、これまで以上に貯蓄に心がけることになる。ここにも経済縮小化の要因がひそんでいる。ただ一方で、高齢者の介護や介添えなど、暮らしのなかのサービス部門に投下されるカネは急増するだろう。若者の職業構成も変わっていくはずだ。

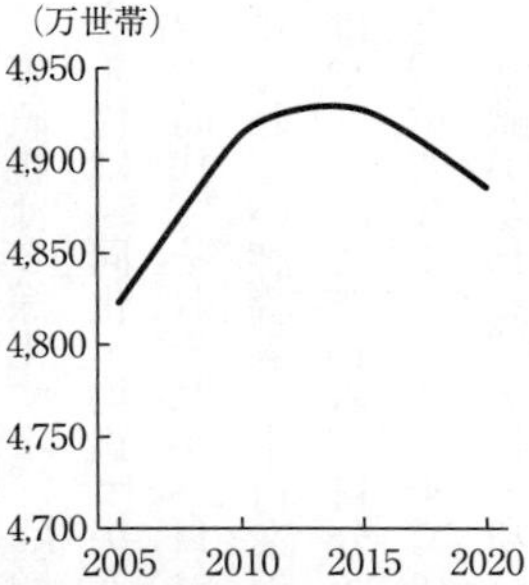

資料：総務省統計局，国立社会保障・人口問題研究所

図4　世帯数の予測

価値観は多様化する。階層分化はさらに進み、関心事はそれだけ細分化されていく。一九六〇年代は「同化・均質」が人びとの安心の素だったとすれば、二〇〇〇年代はアイデンティティの時代、それぞれが「自分は他人と違う」ことを主張してやまない時代である。若者の生活にくわしい評論家の中村泰子によると、いまの高校生は「『みんなのはやり』より『うちらのはやり』にこだわる。自分が見つけた言葉や遊びを、仲間うちに流行させたがる」。かと思うと、重要なことはメールでなければ話さないし話せない大学生が増えている。

常識が変わる。それを知らなくても困らない。ということは、文字どおりの意味の「常識」、つまり世渡りするための最低限のルールではなく、それぞれの人びとの、それぞれのグループ内のルールが「常識」と呼ばれるようになる。人びとはどんどん狭くなる内輪の世界に閉じこもり、そのなかでの常識が最優先する。なぜ、人を殺してはいけないのか。なぜ、ホームレスを襲ってはいけないのか。なぜ、公共の場では子どもを静粛にさせなければいけないのか。なぜ、電車のなかでお化粧してはいけないのか。それぐらいは世間の常識だ、と他人から言われても通じない。

さらに、活字への関心はますます低くなる。読解力は一段と減退し、読む忍耐力も低下する。一〇〇行の新聞記事すら読み通せない人が増えるだろう。政治、経済、外交などはもともと複雑な動きをするものだ。こうした複雑な分野のニュースを理解するには、ある程度かっちりした論理構成が必要だが、そしてこの点はテレビの視聴だけでは無理なのだが、これも敬遠されるようになるだろう。政治的無関心だけではなく、自分とは直接関係のないすべての事柄に無関心となり、国際ニュースに関心を示さない層も増える。イラクの位置を地図で正確に指摘できる米国の若者は全体の一三%という調査があったが、日本もそうなるだろう。いや、すでにそうなっているかも知れない。

激変する情報通信の世界

情報の世界は劇的に変貌する。総務省の『情報通信白書』。電通総研の『情報メディア白書』。インターネット協会の『インターネット白書』。どれでもいい、毎年刊行されているこの種の白書をちょっと開いてみられるがいい。変化が激しくて一年前の版など紙くず同然、なんの役にも立たないのだ。情報通信の世界は様変わりし、電気通信系といわれるテレビ、衛星放送、ケーブルテレビ、パソコン、データベース、インターネット、電話、携帯電話、モバイルなどが、いかにパッケージ系の書籍、新聞などを圧倒しつつあるか、一目瞭然である。なかでもインターネットと携帯電話の急伸は、これがなければ暮らしていけないかのようである。国内外のネット普及率、ネットホスト数、ネット・サービス提供事業者(プロバイダー)数、どれをとっても右肩上がり。携帯電話の事業者は最大手のプロバイダーになりつつある。

しかも、この世界は変転きわまりない。日々、性能は向上し、適用範囲は拡大していく。二一世紀、こうした潮流はますます激しくなり、間もなく「ユビキタス情報社会」が到来するだろう。東京大学大学院教授の坂村健によると、ユビキタスとはラテン語が語源の英語で、キリスト教の神は「あまねくしろしめす」という、もともとは宗教的な言葉だ。日本語では「遍在」「どこにでもある」「あらゆるところに」と訳されており、ユビキタス・コンピューティング(どこでもコンピューター)というふうに使われている。

どこにいても引き出せる情報、いつでも、どこからでも、いくらでも発信できる情報。そうした機能の点で最もすぐれた存在として、インターネットが歓迎されるのも理解できる。「インターネットを使えば、最小限の人手を介して、電子の速度で、一挙に大量の人びとに情報を流すことができる」のに比べ、新聞は「二一世紀を迎えた現代社会とは思えないほど原始的な手段で、資源と労力を浪費している」という新聞批判がそこから生まれる。(1) 半面、この夢のような武器をめぐるマイナスの部分も明白になり、新しい社会問題として深刻さを増している。

八方ふさがり?

荒っぽいデッサンながら、これが二〇二五年ごろの日本の姿だと思う。明るい話はあまりない。とくに新聞にとっては、八方ふさがりになりそうな予測ばかりである。

過去のデータが示すように、若者にしろ高齢者にしろ単身者世帯の新聞離れははっきりしている。この世帯者の「無読層」予備軍的性格はますます強まるだろう。ところが、それに対する即効薬はまだ見つかっていない。たしかに私たちは「若者のページ」をつくった。「くらし」面を新設した。二〇〇〇年前後から、どの新聞も若者や高齢者の生活に密着した紙面づくりに努力してきた。だが、若者や高齢者が求めているものとはどこか違うものをつくっているらしい。それが何か、新聞はつかみきれていない。

経済の縮みは新聞を直撃する。いまは新聞のお得意である高齢者層も、年金の支給額が減ったり消費税が上がったりすると、財布のひもを引き締めざるを得ない。購読料の値上げなど論外だ。部数は減る。値上げはできない。広告も他の媒体へ流れる。倒産する新聞社も現れよう。新聞経営は全般的に確実に苦しくなっていく。

新聞が誕生したころ、明治時代には、教師が子弟に新聞購読を禁止したケースがいくつもあった。良俗美風を乱すと見られていたのだ。しかし、その後、新聞は世間の常識の見本みたいな存在になった。新聞は安心して家庭に持ちこめたし、子女が新聞を読むことも許された。新聞は常識の上に安住し、そこからはみ出さなければ安泰だった。

常識とは、ある世界の住人が肯定し墨守することを認めあった掟である。その常識の担い手が変わり中身も変わったら、常識の見本たる新聞はどうしたらいいのか。これまでどおり、例えば戦時中がそうだったように、それに合わせるしかないのか。お客あってのモノという考えからすれば、当然そうなるだろう。ところが厄介なことに、その常識が拡散し、つかまえどころがない時代になった。「身内」しか相手にせず、他のことにはいっさい関心がない。みんなの流行よりうちらの流行。世間の常識など関係ない。果ては、あるメディア業界の人のように「情報が本当かどうかは、さほど重要じゃない。おもしろいか、楽しいか。これがおれたちの尺度だ」と言ってはばからない。すでにテレビの世界では、例えば、二〇〇二年一一月の岩手県遠野市を舞台にしたカッパ騒動など、こういう考えにもとづいて制作されたと思われる番組がいくつも放映されている。

常識は非常識だとか情報の価値はおもしろさで決まるとか、そんなことを言われると、これまでの常識の範囲内で生きてきた新聞は、どうしていいかわからなくなる。若者など相手とせずといって怒るか。揉み手をしながら若者にこびる紙面をつくるか。しかし、それはどちらも破滅への道である。

読者のためになる新聞とは？

「酒酔い職員、婚姻届受理できず／兵庫・伊丹　カップルとトラブル」という見出しの記事(2)を読んだ。

暦が二〇〇三年に変わった元旦の午前〇時すぎ、兵庫県伊丹市役所に一組の男女がやってきた。婚姻届を出したいと言う。応対したのは警備会社員と嘱託の職員。この二人は大晦日の午後一〇時ごろから「年末の打ち上げ」として、三五〇ミリリットル入りの缶ビールと日本酒一合をそれぞれ飲んでいた。カップルは怒った。「対応が遅い」「酒を飲んだ人に任せられない」。さらに二組の男女がやってきた。とうとう伊丹警察署員がかけつける騒ぎとなった。結局、市役所の職員が連絡を受けて急遽出勤してきて謝罪、午前三時半ごろ婚姻届を受理した。

おもしろい街の話題ものである。よくひろってきたな、と感心した。だが、よく読んでいるうちにいくつか疑問が出てきた。

①この市役所では二四時間、婚姻届を受け付けているのだろうか。では、出生届は、離婚届は、転居届は、印鑑証明はどうか。それとも、おめでたい婚姻届だけ元旦にかぎって二四時間サービス、ということか。②騒ぎのあと、市の職員が出てきて謝罪したという。公務と認めたのである。それならば、なぜ、正職員ではなく嘱託職員と警備員にこのような任務をまかせたのか。③緊急を要する届けは別にして、婚姻届の類を真夜中に提出したり受け付けたりする必要があるのか。カップルにしたら、記念に行ったことだろうが、そのために二四時間、公務員を待機させるのは正しい予算の使い方といえるのか。

伊丹市役所に問い合わせてみた。

「ずっと以前からやっています。婚姻届や出生届は一年中、二四時間、受け付けています。めでたい日とか記念の日とか、結構、深夜にもやってこられます。三月三日午前三時三三分とかね。戸籍に時間までは載らないのですが、気持ちの問題なのでしょう。受付は市役所地下の守衛室でやり、翌日、担当者に引き継ぎます」

守衛室の係員たちは、庁舎の警備のほか、こうした受付のために一晩中、待機させられているのである。

若者の気持ちをくすぐる行政のサービスも、納税者の立場に立てばまた違った風景に見えてくる。ここまで税金でやる必要があるのか、という意見も当然出てこよう。「若いカップル」対「飲酒職員」といった構図にとどめないで、地方自治体のサービスとは、という記事にまで仕立てあげればもっとよかったと思う。読者のためになる新聞とはそういうものである。

インターネットの脅威

最後にインターネットを考える。その進出がいかに「紙の新聞」にとって脅威か、論議はすでに出尽くした感がある。

一〇年後、あなたはどのメディアでニュースを入手していると思いますか。五〇%はテレビ・ラジオ、二八%はインターネットと答えた。新聞はわずか一六%。これが二〇〇一年元旦紙面に掲載された朝日新聞定期国民意識調査の結果である。新聞は、いまはわずか一％のインターネットに大きく抜かれるというのだ。もっとも、この数字には未知のものへの夢と期待がこめられており、そうなるかどうか大いに疑問だと思う。通信社UPIは九八年、コンピューターを扱っている米国人六〇〇人に、五年後(二〇〇三年)を予想してもらった。結果は、八〇％が「ニュースソースは新聞よりインターネットに頼る」だった。いま二〇〇三年、予言ははずれた。

新聞は、そんなにやわなものではない。何よりの問題は、インターネットがツールにすぎないことをつい忘れてしまうことだ。だれかがそこに情報をインプットしないかぎり、インターネットはただの箱にすぎない。

では、新聞はこのまま安住しておればいいのか。それは違う。いま手を打たないと、新聞社はせいぜい単なる情報提供会社に成り下がり、インターネットのしもべになるかもしれない。

インターネットの強みは、ほとんど無限に近い可能性を秘めていることだ。いまも量質双方でビッグバンを繰り返している。日本のインターネット利用者は二〇〇一年一二月現在、五五九三万人で一年間で二割近く増えた。世帯普及率も前年の三四・〇％から六〇・五％に上昇した。デジタル加入者線(DSL)やケーブルテレビ(CATV)、インターネットなど、ブロードバンド利用者は二〇〇二年三月現在、約三八七万人で四・五倍になった(3)。携帯情報端末(PDA)の伸びもすごい。一〇年後、二〇年後の姿を予測しても、あまり意味はない。すぐに上方修正しなければならないからだ。

紙から電子へ

紙から電子への時代が来てしまったのである。インターネットなどの情報通信システムを利用した電子ジャーナリズム(インターネット・ジャーナリズム)という言葉も、すでに認知されている。マルチメディア機能やネットワーク機能をとりこんだ電子ジャーナリズムは、電子ブックなどとあわせて、電子新聞の本格登場を促している。いつでもニュースを提供でき、古い情報も簡単に呼び寄せられる新聞。特別のソフトを必要とするにしても「紙の新聞」のイメージのままで読むことができる新聞。

さらに紙のように薄くて軟らかく、折り曲げることも可能、どこにいても受信でき、しかも電子ディスプレーのように何度でも書きかえられる——こんな電子ペーパー(eペーパー)も夢ではなくなった。米マサチューセッツ州ケンブリッジに本拠をおくE-Ink社は、エレクトロニック・インクを使って〇・三ミリという驚異的な薄さのディスプレーを発表、ドイツのある企業はその狙いを「新聞」に定めているといわれる。

紙の新聞は分が悪い。なにしろ、毎日、それも朝夕二回、膨大なパルプを消費し、巨大な輪転機をまわして印刷し、梱包し、トラックで長距離輸送し、オートバイか自転車で各家庭に配達するという、たくさんのカネと労力がかかる製品である。これがオンラインによる情報発信になれば、どう変わるか。紙もインクも輪転機も梱包のボール紙も要らない。トラックやオートバイも無用だから、省エネで空気を汚さず、大雪でも配達が遅れない。専売の販売店も要らない。したがってコストが安い。しかも、印刷・配達の時間的ロスがなく、最新情報が瞬時に読者の手元に届けられるのだ。いいことずくめである。

理屈でいえば、どう考えても紙の新聞の負けである。インターネット専門家の一人は、二〇一〇年、電子新聞のシェアが過半数に達するという。もう一人は、一二年ごろが分水嶺と見る。「このごろ紙とデジタルの機器の性能が拮抗してくる」。インターネット派は口をそろえて、あと一〇年で紙の新聞は陥落するというのである。新聞社としては大変な事態である。これでは新聞の明日を論じても意味ないではないか。ただ、明らかにここにも未知なるものへの過剰期待がある。さらに、いわゆるネット・バブルの崩壊後、米国でも日本でもネット系の躍進にかげりも見え始めている。ここは結論を急がず、ネットメディアと新聞のからみ具合の現状を、節をあらためて眺めることにしよう。

2　ネット時代に及び腰の新聞

ジレンマの間で揺れて

インターネットを使った報道を日本の新聞が始めたのは一九九五年。まだまだインターネットの機能を十分に使いこなすところまでには至っていない。というのも、各新聞ともニュースサイト(ウェブサイト)は運用しているものの、インターネット・ジャーナリズムを戦略的にどう位置づけるべきか、いまだに腰が定まっていないからである。

新聞社がこれから生きていく道は、①紙の新聞だけで行けるところまで行く、②紙とインターネットの二本立てで行く、③紙をあきらめてインターネット一本で行く、の三つしかない。もちろん、現段階ではどの新聞社も②の併用型である。だが、そのどちらに力点を置くかとなると議論百出する。最優先で、というインターネット派に対し、それでは無読層が増えるばかり、という紙派。どの社でも決着がつかず、双方の動きをよく見極めながら、といった程度でお茶をにごしている。

無理からぬところもある。インターネット派が言うようにいいことばかりなら、今日にでも転進したい。だが、その最大の泣きどころは採算性だ。巨額の投資をしても収入がともなわなければ経営は苦しくなる一方だ。しかもその結果、「無料のウェブサイトで十分」となれば、新聞は元も子も失ってしまう。そんな危険が冒せるか、と紙派はいう。しかし紙派とて、これではじり貧だ、ということはわかっている。限界にきている紙の新聞にしがみついているだけでは、こちらも倒産ということになりかねない。日本新聞協会メディア開発委員会が二〇〇二年一月に実施した「新聞・通信社の電子・電波メディア現況調査」を見ると、新聞人がいかにこのジレンマの間で揺れているか、よくわかる。

ニュース部門をヤフーが制圧

だが、その間にも非新聞系の分野からの攻勢は止むところがない。その代表例として、ヤフー(日本)をあげよう。九六年にサービスを開始、二〇〇〇年には株価が一億円台に達して話題になったポータルサイトの最大手だ。ヤフーは検索やオークションの分野で大きく伸びているが、いまやニュース部門のサイトでも一位になった。ニュースサイトとしては定評のある朝日新聞の asahi.com の三倍という統計もある。

ヤフーの強みは、多角的なサイトをリンクしており、立体的に「飛べる」ことだ。しかもトピックスごとに利用者の参加を促す呼びかけが入っており、だれでも自分の意見を表明でき、議論もできる。ただし、ヤフーに主張を求めたり、ジャーナリズム性を求めるのは無理な話だ。

しかし、それが一部の世代から評価されるところでもある。

一方、いまの新聞社のサイトは、新聞のニュースやコラムや解説が並びジャーナリズム性は確保されているが、問題はほとんど「飛べない」ことだ。やろうと思えば、技術的にはもちろんできる。だが、やらない。いや、いまはまだやれないのだ。やるためには新聞社内のニュース伝達の流れを変えなければならない。ニュースの加工、つまり編集のあり方を抜本的に見直さなければいけない。しかし、それには、紙の新聞を至上とする新聞のつくり方から、せめて紙とウェブサイトを両にらみする仕組みに変えなければならない。各社ともそれをめざしてはいるのだが、できていない。

採算性と広告料・購読料

新聞が踏み込みをためらっている最大の理由は採算性である。

サイトの充実といっても、ただではできない。ヤフーは数百人規模だというが、それでもあれだけの仕事だ、かなりの資本を投下しているに違いない。どこかで収入の道がないとゆきづまる。どうするか。広告を載せて企業から広告料をもらうか、サイト利用者から購読料を取るか、「サイトは商店」と割りきってネットによる物品販売に精を出すか。いずれかの方法をとらないかぎり、ウェブサイトは成り立たないのである。

ヤフーは検索サイトでの広告収入やオークションの有料化でたっぷり稼げる。その利益をニュースサイトにつぎこむ。それでも損はしない。というのは、ニュース部門の利用者が増えれば、それだけヤフーのヒット数が増え、したがって広告が増える。さらに検索やオークションへの参加者も増えるだろう。多角的な商売をしているのだ。ところが新聞はそうはいかない。するとか広告料か購読料か、どちらかだ。ところが、いずれも甘くない。

クラシファイド、いわゆる三行広告でも立ち遅れが目立つ。新聞とウェブの連携プレーができていないのだ。

シドニー五輪の二〇〇〇年、私は豪州シドニーの有力紙を訪問した。ウェブ広告でかなりの収益をあげている、と聞いたからである。その担当責任者は直ちにパソコンをたたいて、その日のウェブ広告を見せてくれた。レストラン、バー、スーパーマーケット、商店など大変な数である。店名、住所、道順、電話やEメールのアドレス、ときには料金などに加えて、すばらしい雰囲気ですとか、最高の味です、といった宣伝文句も書かれている。一方で彼は、当日の自分のところの新聞の三行広告欄のページを開いた。そこにはウェブ広告と同じ店名が並んでいる。ただし、くわしい道案内もないし宣伝文句もない、ふつうの無味乾燥な三行広告だ。

「新聞広告であたりをつけ、ウェブでくわしい情報を得る。読者は安心して行けるし、広告を出す側も二重の効果があげられるから喜ぶ。(ウェブ広告の宣伝文句に新聞社は責任をもつのか、と聞くと）いや、関知しない。それはお店とお客が決めることだ」。担当責任者はこう語った。

購読料の徴収は、もっとむずかしい。これは米国での最初のつまずきがいまに響いている。インターネット・ジャーナリズムの姿がようやく、おぼろげながらも見え始めたころ、その将来性に目をつけたニューヨーク・タイムズやワシントン・ポストなど米国の主要な新聞は、競って読者を自分のサイトに囲い込もうとした。新聞と同じニュースがウェブサイトで無料で読めます。これが勧誘文句だった。当たった。当然である。どの有力紙も巨大なウェブ読者を獲得した。だが、これは利益を生まない。こちらも当然のことだが、新聞社がこの経営的矛盾の大きさに気づいたときは、すでに遅かった。人びとは「ネット情報はタダ」と思いこんでしまい、いまになって購読料をくださいと言っても相手にしなくなった。無理に請求すると、タダのサイトへ鞍替えするだけだ。

日本も事情は米国と同じである。有料にはなかなか踏みきれない。購読料がほしい点では共通しているが、だれも先行しようとはしない。やったとたん、独り負けになることがわかっているからだ。せっかく囲い込んだウェブ読者が他へ逃げ出してしまい、ひいては自社の紙の新聞の売れ行きにまで影響が出かねない。仮にいくつかの主要紙が有料化で歩調をそろえたとしても、ここまで育ったヤフーその他が無料であるかぎり、新聞の勝ち目は薄い。とくにＮＨＫ

がインターネット報道に参入してくると、課金問題はますます複雑になり、有料化は一段と厳しくなるだろう。広く浅くという現行のサイトのあり方を改め、専門別で内容の濃い情報に限定したウェブサイトを構築しなおす。有料化の可能性があるとすればこれしかないが、それも相当に苦労しそうだ。

いつかは宝の山に化けるかもしれない。そう思って各社とも販売・広告で得た利益をインターネット部門につぎ込んでいる。だが、収益的にそれがいつまで続けられるか、どの新聞も苦吟している。といって、新聞にはインターネットとの統合・融合に活路を見いだすことにしか将来はない。どうすればいいのか。例えば、当分はインターネットを事業部門と見ないで研究開発部門に位置づけること。それも各社ばらばらではなく、数社ごとに資金と頭脳を出しあい、時間をかけて両者の融・統合の道を探ること。だが、いずれも切り札になりえていない。今日も各新聞は堂々巡りを繰り返している。

強みは正確・新鮮な情報

しかし、新聞が生き残るための筋道ははっきりしている。媒体が紙であろうがウェブ(電子)であろうが、それは関係ない。時代が生み出した媒体に乗って新聞の強みを発揮する。肝心なことは、そのための基本柱をきっちりと立てること、立てたら少々のことがあってもぶれないで前進することである。それしか道はない、と腹をくるのである。

新聞の強みは情報だ。コンテンツだ。伝統と信用をもとに総力をあげて集めた情報、これこそが新聞の最大・最高の財産である。さまざまな情報提供企業が生まれつつあるが、いまのところはまだ、新聞発信情報は正確さの点で、新鮮さの点で、最強・最高である。情報の質とブランド力の強みを紙の新聞にだけ反映させるのではなく、自社あるいは他社のウェブサイトに提供する。つまり「売る」のだ。ひとつで二回おいしい、二本柱の収益構造に変えていく。そもそも、紙の新聞か電子新聞か、という二者択一の思想に惑わされて、お互いの欠点をあげつらいあっているのが間違いなのだ。両者を共存させることによってのみ、新聞は生きながらえることができる。

あとは応用問題である。収入源は、課金方式か広告方式か補塡方式か。発信形態は、ウェブサイト方式か電子新聞方式か。装置は、パソコン型かテレビ型か携帯端末型か。紙とウェブをあくまで分離して考えるのか、一体化したものとして考えるのか。ここまでくると、新聞社本体の経営の問題になってくる。

ウェブの収入源

まず、ウェブの収入源について。課金か広告か、すでに述べたように日米両国ともいまだに暗中模索の段階である。しばらく結論は出ないだろう。結局は、ヒット数を増やすことで広告を増やし、情報の質を高めることで、つまりカネを払ってもペイすると思わせる情報を増やすことで課金型へ近づく、漸進方式しかないかもしれない。それがだめなら、情報を「売る」ことで稼ぐという考えをやめて、稼ぎは検索やオークションにまかせ、ニュース部門はサービス、あるいは客寄せと割りきる補塡方式だろう。

補塡方式は自ら収益を生まないから、評価は低い。だが、ものは考えようである。とくに紙の新聞とウェブを一体化してとらえる発想に立てば、これは捨てたものではない。紙からウェブへ、ウェブから紙へ、自由にサーフィンできる仕組みをつくればいいのだ。しかも、これは紙の新聞をもっている新聞社にしかできない芸当である。

やり方はむずかしいことではない。どの新聞記事にも必ずウェブサイトへの道筋を表示し、そこで読める詳報、関連記事を付記するのだ。サイトから入る人には「価値判断は新聞で」といった案内をする。記事を読んだ読者からの反応はサイトで受け付ける。どんなに長くても結構、しかもその意見にも異論が出たりして、たちまちサイトは論議のフォーラムに化すだろう。記事を書いた記者はその反応を見て、さらに補足取材をする。あるいは別の観点から執筆する。新聞の売上にも影響が出るだろう。

このほか、三行広告など、シドニーでの例を参考に、新聞とウェブのダブル方式も工夫されていい。クイズ式の懸賞をつけたりして読者をひきつけ、広告増につなげることもできるだろう。

電子新聞

次は、発信形態について。いまは圧倒的にウェブサイト方式だが、インターネットを使った電子新聞方式も内外でいくつか登場してきた。日本では、産経新聞が二〇〇一年九月から始めた「新聞まるごと電子配達(ニュースビュウ)」がある。

記事、写真、見出し、体裁など、印刷した新聞とまったく同じ紙面を、ブロードバンド(高速・大容量)インターネットでデジタル配信する。配信時間は朝刊が午前五時。新聞の降版データをイメージデータにして圧縮しプロバイダーに送信、これをブロードバンド網経由で利用者に届けるのだ(電子配達版は二〇〇三年三月現在、月額一九九五円。紙の新聞と電子配達版のセットは東京本社管内で三四五〇円)。切り抜きのように特定の記事だけのコピーもできる。

ホームページには「主婦の悩みのひとつに古新聞や雑誌などの処理という問題がありますが、パソコンで見るニュースビュウなら当然のことながら、その問題は発生しません。(中略)高層の集合住宅などでは、「一階まで新聞を取りに行くのが面倒」という声も聞きますが、部屋のパソコンに直接配達されるのですからパジャマのままで気楽に新聞を見ることができます」とある。

アクセスしてみた。一ページ全面、見出しや扱いもそのまま現れる。紙の新聞の長所である「一覧性」が確保されているわけだ。ページ送りも、時間はかかるが、まずまずだ。いけそうだと思ったが、関係筋によると大きく伸びるところまでいっていない。販売店との問題もあるが、料金が高い、扱いがめんどうだ、との声が多いそうだ。この方面に詳しい大手広告代理店の男性は「新聞と同じ体裁だとか切り抜きもできるとか、ただそれだけのためにカネを出す、パソコンに向かう。そんな手間を読者がかけますかね。ただし、過疎地や海外の読者には便利でしょう」と言う。

テレビ型はどうか。電子新聞がボタンひとつで家庭のブラウン管に現れますというふれこみで、九七年ごろＮＨＫの放送文化研究所が研究に乗り出した。いまのところ、技術的には可能だが、商売として成り立つかどうかは別問題、という段階だ。

携帯端末型

携帯端末型はどうか。携帯端末の驚異的な広がりと伸びを見ていると、それが一〇～二〇年後、どういう姿の電子新聞になっているのか、だれにも想像がつかない。だが数ある可能性のなかで、これこそが主流を占めるのではないかという予感はする。いま、話題になっているものを二つだけ挙げておこう。

ひとつはFTTH(ファイバー・ツー・ザ・ホーム)回線を利用するものだ。この回線で送り込まれてくる紙面情報を、各人が各端末に移す。これならホットで最新の情報を、しかも紙の新聞の体裁のまま、車中でも外出先でもオンタイムで得ることができる。ただし、そのためには、いわゆる光ファイバーを各家庭につなぎ、日本中の通信環境を高速化する計画が達成されなければならない。現段階ではADSLが大幅に伸びていることもあって、FTTHは当初見込まれていたほど普及していない。

もうひとつはタブレットPC(携帯型コンピューター)を使った携帯型電子新聞である。米国の専門誌によると、二〇〇二年一一月にデビューしたこのデバイスは、新聞紙面向きに縦型につくられており、読みやすく、持ち運びができる。その点で印刷した新聞に匹敵する。標準のレターサイズより少し小さめで、横二一センチ、縦二七センチ、厚さ二センチあまり、重さ一・三五キログラム。画面は鮮明でカラーの具合もよく、バスルームでも読める最初の電子新聞だそうだ。

デモンストレーションしたのは、長年、携帯型電子新聞の夢を追ってきた米ケント・ステート大学サイバー情報研究所長のロジャー・フィドラー。ロサンゼルス・タイムズ紙を使って、シカゴで開かれたインランド・プレス・アソシエーション二〇〇二年年次大会でおこなわれ、二一〇ページを約一分でダウンロードした。関係者によると、これはオンライン新聞より印刷新聞に近く、しかも双方向性も備えている。デバイスは二〇〇三年、約二〇〇〇ドルで売り出されるだろうといわれる。(4)

以上、いずれも「紙の新聞」をそのまま電子装置で個人に送るスタイルである。このほかニューヨーク・タイムズも二〇〇一年一〇月から、産経新聞とは手法が違うが、有料で紙面をそのままパソコンに送り込む事業に取り組んでいる。ただ、現段階では、電子新聞への期待はやしぼんだ感じである。紙で読めるものを、なぜわざわざ面倒な装置にかけなければならないのか、という伝統派はまだ力をもっているようだ。

価値判断の有無

ところで「紙の新聞そのまま」の特色は、読者なり視聴者へ届く情報の価値判断がすでに新聞社によってなされていることにある。記事の扱いは派手か冷淡か。見出しは何段で何本立てか。関連記事はついているか。これだと、ぱっと見るだけでニュースの大きさがわかる。便利である。

ところが、それが困るのだ、情報はただずらりと、なるべくたくさん等価値で並べてくれ、価値判断は自分でやる、という人も少なくない。とくに有識者にそれは多い。「新聞は、ブッシュがいつ演説した、と書いてくれるだけでいい。演説全文をホワイトハウスのホームページでたちどころに入手できるのだから」と言われたことがある。だが、読者すべてがブッシュ演説の全文がほしいわけではないし、ホワイトハウスにアクセスする余裕があるわけでもない。演説のさわりの部分を紹介し、その意味づけをしてくれれば十分、という読者もいる。双方を満足させるには、紙の新聞そのまま版とそうでないウェブサイト版との併存が望ましい。新聞の役割がなくなるということはあり得ない。

3　ネット報道の強さと弱さ

新聞社の収支動向

にもかかわらず新聞がいつまでもネットメディアに対して腰が定まらないのは、繰り返しになるが、収益のめどがつかないからである。

新聞社は収入のほとんどを販売・広告の両部門で得ている。ただ、どの社も新聞部数の凋落と広告事情の悪化を想定して、早くから「その他の営業収入」の増加に力を入れてきた。出版や各種の事業、それに不動産運営などだ。しかし、どれも先が見えている。そこへマルチメディア事業の登場である。あのころ、新聞各社にはこれが救世主に見えた。だが、予想は狂って、いまだお荷物のままである。しかも、その実態は明らかでない。

日本新聞協会によると、「その他の営業収入」は八七～九六年の一〇年間で二倍強に増え、総収入に占める割合も一一・四％（九六年）に伸びた。ところが、同分析が「新たなメディアへの事業展開も進んだこの一〇年間であるが、この数字にその成果がどう反映されているのか、必ずしも明らかでない(5)」というように、各社ともメディア事業については肝心の損益を公表していない。ほとんどが赤字だし、黒字のところも総収入の一％に達しているところはごく少数だろう。

新聞業界にはかつての勢いはない。例えば、二〇〇一年度中に決算を迎えた四二社の決算数字の合計値で新聞経営の損益動向を見ると、総収入は前年比二・五％減でマイナスに転じ、当期利益も前年比二二・一％減となった。日本経済全体が落ち込んでいた年度とはいえ、楽観はできない(6)。なるほど新聞界に吹きつける嵐はゆったりとしており、他の深刻な業界に比べればなお余力を秘めてはいる。これが新聞界の「安心」の源だが、しかし、その間にも〈部数減・広告減・ウェブ部門の不振〉の大波は確実に、ひたひたと押し寄せている。余力のあるうちにその日に備える必要がある。

販売競争の激化、広告量の減少

まず、新聞全体の部数増はもう望めない。この現実を直視することから始めよう。ただし、濃淡くっきり。ごくごく一部の新聞は、他紙を喰って部数を伸ばしていく。このことをよく覚えておこう。

九〇年代以降も激しい販売競争が続いている。だが、肝心の新聞の総部数は増えていない。パイが大きくならないのだ。こうなると、お互いカネを使って樽のなかの酒をやったり取ったりしている「花見酒の経済」の新聞版である。「総部数は関係ない。オレの新聞だけが増えればいい」という考えが強くなってくる。

ふたつの道がある。ひとつは、紙面で勝負して読者を呼び戻す。言うは易く、行うは難し。これはいばらの道である。だが、これをやらなければ新聞は生き残れない。この章の結論の部分でじっくりと考えたい。

もうひとつは、紙面より販売。これまで以上に激しく、あらゆる手段を使って他紙をさらうのだ。ただ、これはだれもができることではない。潤沢な資金が必要だからだ。高額な景品の提供。事実上の無代紙の頒布。例えば二〇〇二年の調査によると、一年間の購読の契約をすれば三カ月分は無料、というケースがいくつもあった(新聞業界では無代紙のことを隠語でSという。「サービス」の略である)。こうして読者をさらう。仕掛けたA紙は増え、資金力で劣る

B紙やC紙は反撃できずに脱落していく。一人勝ちを狙うA紙としては総部数の増減など関係ない。他紙が減ればその分、自社のシェアが上がるのだ。新聞の寡占化である。

これは自分で自分の首を絞めるようなものだ。しかし、この流れが止まる気配はない。喰いあいは激化し、決着には一〇年近くかかるのではないか。対抗上、異業種からの参画・参入を得て防戦に走る新聞も出てくるだろう。そのころ「複数の新聞が競いあってこそ民主主義」という考えそのものが、過去のものになっているかもしれない。

次に、新聞広告は量も比重ももっと低下する。これも疑いのないところである。

広告は新聞やテレビなどを媒体としている。八二年、全広告費を一〇〇として、テレビがトップで三五％、新聞が二位で三〇％、SP(DM・折り込み・屋外広告など)が二二％だった。それが八五年にはSPがトップになり、テレビは三〇％へ、新聞は二五％へ。九八年には新聞の比率は二〇％ちょっとまで落ち、二〇〇一年にはとうとう一九・九％。二割を切った。二〇〇二年にはさらに悪化し、新聞は一八・八％。新聞広告費総額では一兆七〇七億円で前年の八九％に落ちた。一方、テレビも微減となり、首位の座は依然としてSPである。注目のインターネット広告費は前年比一一五％と群を抜く伸びで全体の一・五％となった。衛星メディア関連広告費とあわせると、全体の二・二％と好調が続いている。(7)

となると、先行きはきわめて不透明ながら、インターネット部門に一働きしてもらうしかない。なるほど「王道は販売・広告にあり」は正論で、これは変わらない。だが、それだけに頼ってはおれないことがはっきりした。もうひとつ、これまでの新聞のネット商売ではだめなこともはっきりした。紙の部門とネット部門が別々に運営され情報の流れが固定化されている仕組みを、まず崩さなければならない。新聞が「ワシントン・ポスト紙(インターネット版)が報じるところによると」と書く時代である。紙とウェブの情報の同一化・同時化は避けられない。そして、これこそ収益面での牽引車になりうるのである。

ネット報道のあそこが悪い、ここがだめだ、と言い合っているうちに、とくに九・一一以降、ネットメディアの威力がとても無視できないところにまで来ている。カネのこともさることながら、新聞にとってとくに怖いのは、さまざまな人種の、階層の、年齢の、男女が見たもの・聞いたものを直接、世界に伝達できるシステムそのものである。言うまでもないことだが、事件を目撃できる報道者はごく限られている。それを報道する手段も限られている。

九・一一のとき、当初あまりに衝撃的だったために人びとはテレビに釘付けにされ、これでもか、これでもかといった調子で送り込まれる映像に呆然としていた。しばらくして気づかされたのは、これとは別に、事件の背後を冷静に語り合い、解明しようとするさまざまなネットメディアがあることだった。

その日から半年あまり後、パレスチナ侵攻が始まった。そこでは、メディア状況の別の側面が明らかになった、と枝川公一が書いている。「マスメディアを通じて伝えられる情報の圧倒的な少なさ。これに比べて、ネットを介してのそれの、なんと豊富なことか。量が多いばかりではない。個人レベルからする、さまざまの目撃情報は、散漫な印象のテレビ報道や新聞記事を補ってあまりある力に溢れている」(8)

米政界でも有数の実力者である上院院内総務(共和党)が、二〇〇二年一二月、黒人差別発言がもとで辞職した。そこまで追い込んだのはインターネットだった。

この失言の場には主要紙の記者もいた。だが「政界インサイダーたちは、隠微な形で表明されるこうした偏見に慣れきっていたのだろう。／火をつけたのは、様々なオンライン・マガジンに陣取る評論家たちだった。(中略)彼らが、執拗に批判、ニューヨーク・タイムズや四大ネットワークも取り上げるようになった。影響力の強さから二の足を踏む大手に代わり、インターネットが批判機能を果たした」。朝日新聞の三浦俊章はそう書いている(9)。

電子版「ガーディアン」

英国の名門紙ガーディアンは電子版「ガーディアン・アンリミテッド」をもっている。リベラル左派の同紙の部数は多くないが、サイトの利用はトップクラスだ。例えば二〇〇二年三月、一日平均で一五万〜二〇万人がアクセスしたという。同年四月のニューズ・オンブズマン協会年次大会で、同紙オンブズマンのイアン・メイズが語ったその実態のあらましを、波津博明が紹介している。(10)

サイトにアクセスする人の半数は米国人で、ガーディアン本紙の読者ではない。一方、英国人でアクセスした人で本紙の購読者は六四%。残りは無料の電子版しか読んでいないことになる。九・一一の直後、読者からの手紙(大半はEメール)は倍増し、一三、一四の両日は一日で六〇〇〇通にのぼった。米国からの反応は激しかった。とくに一三日付紙面に載った「なぜ憎まれるか分からない米国人」という記事が標的になった。ウェブサイトに載って三六時間以内に、この記事の筆者へのメールは二〇〇〇通に達した。米国からの手紙は、ほとんどがこれに批判的だった。イスラエル支持派の「Eメール・ロビー」からのメールには「記者を切り刻んでやる」とあった。メイズは書いている。「本紙の編集方針を支持してくれる国内読者だけを相手に、君らは記事を書いているわけではない――Eメールによる反応は、ガーディアンの記者にこんなことを思い知らせたのだった」

ガーディアン紙のウェブの人気が高いのは「ザ・トーク」というユーザー同士の論争コーナーが充実しているからだといわれる。これも日本の新聞ウェブの遅れたところだ。

例えば、首相の靖国神社参拝をめぐる新聞の記事と論評がウェブサイトに載るとする。国内だけでなく、中国から韓国から米国から、その賛否をめぐってメールが殺到し、サイト上での論争が始まる。その内容は濃いであろううえに同時並行的だから、政治家はもちろん、新聞記者もこれを参考にしなければ仕事にならない。政治に、紙面に、直ちに反映される。そんな時代がすぐそこまで来ている。

〈正確〉で〈公正〉か

もちろん、ネットメディア報道の欠陥は数えきれない。最大の問題はネットに載った情報の質のことである。それは〈正確〉で〈公正〉か。そうだ、という確認と判断はだれがするのか。それが違っていたとき、責任はだれがとるのか。「Eメール・ロビー」のような特定のウェブ・ロビイストの見解を流しっぱなしにしておいていいのか。

サイトでは多くの場合、速報の形で、裏付け作業もなしに第一報が流される。そのあと、第二報、第三報となる。その過程で、なんの釈明もなしに誤った第一報は画面から消え、次のニュースがまた確認なしに画面に流されることが多い。その繰り返しである。第一報しか見ないで出かけた人は、誤報であることを知らないまま動いているかもしれない。事件・事故のときはとくに深刻だ。現状では〈正確〉さで大きな疑問符がつくといわざるを得ない。

匿名性はネットメディアの特徴である。内部告発などでは効果大で、これが持ち味でもあるのだが、ときに取り返しのつかない結果をもたらす。うその情報、意図をもって細工した情報、特定の人や団体を誹謗する情報、あるいは「記者を切り刻んでやる」といった脅迫など、匿名ゆえにチェックがむずかしく、いろんな悪行が可能になる。少なくとも〈公正〉という点では非常に問題がある。これではいくら速報性にすぐれていても、信頼のできるメディア媒体にはなりえない。

では、ネットメディアに法的なきびしい網をかけ、権力側にがんじがらめに規制してもらうべきだろうか。そんなことをすればネットメディアの長所までが失われ「たらいのなかの赤子まで流す」愚を冒すことになるだろう。ここは紙の新聞との共存を考えるべきである。新聞はネットメディアに速報性で後れをとり、大量伝達性でも勝ち目はない。だが、①伝統と信用、②情報を処理し加工するノウハウ、③情報の真偽を追跡する能力――の三点にかけては、依然としてメディアのなかで最高の地位を占めている。双方の長短所を相補うことで、両者は最強の複合メディアに生まれ変わる可能性を秘めている。

新聞とネットメディア

ネットメディアさえあれば新聞はいらない、とはよく聞くところだ。ところが、それは皮相的ではないかと思わせるような調査もいくつかある。例えば、パソコン利用者・インターネット利用経験者ほど新聞の閲覧時間が長い傾向にある。(11)インターネットを毎日利用する人の割合は、新聞を取っていない人より取っている人のほうが多い。(12)一八〜三五歳のインターネット利用者のうち、五三％は閲読する新聞をもっていた。ちなみにEメール利用者や携帯電話などの利用者の場合は三〇％前後である。(13)

考えてみれば、それは不思議ではない。ネットでざっとニュースをチェックし、関心のあるものは新聞でじっくり読む。反対に、新聞でざっとニュースを頭に入れ、ついでネットで詳報を読んだり、内外の大学や官庁のホームページに飛ぶ。くわしく知りたい情報。簡潔ですませていい情報。人びとは新聞とネットメディアの双方をサーフィンしながら上手に選別し、効率よく情報を入手するようになっていく。残る問題は、肝心の新聞がそれにうまく応えてくれるようになるかどうかである。

二一世紀の新聞社の編集局をイメージするとき、私の頭に浮かぶのはパリのエトワール広場である。凱旋門にあたるのが統合編集局だ。そこから放射線状に走る幹線道路がつくる各ブロックに、新聞、ウェブ、情報端末、テレビ・ラジオ、雑誌、スポーツ紙などのセクションが入っている。凱旋門から発信される情報は、瞬時に、よどむことなく、平等に、すべてのセクションに流れていく。あるいは各セクションは、凱旋門に蓄積された情報を、好きなときに引き出し、自由に加工し、それぞれの媒体を通じて放出する。いまはそうなっていない。多くの場合、新聞編集とウェブ、端末、テレビ・ラジオ編成はそれぞれ別個になっている。しかも、凱旋門型ではなくエッフェル塔型だ。上から下へ。情報の選択権は新聞の編集局にあるから、例えば大きな特ダネなどはウェブに行き着く前に編集局でとめられてしまう。勝手に味付けすることも原則としては許されていない。新聞の独占が崩れたいま、情報の受け手のニーズが多様化したいま、これではみすみすユーザーに背を向けるようなものではないか。

情報はクジラに似ている。捨てるところはない。ところがいまは、編集局がクジラの肉と脂以外はいらないと判断すれば、あとは捨ててしまう。もったいない。ヒゲがある。巨大な骨がある。端末なら、スポーツ紙なら、さっそく飛びつくかもしれないではないか。解体されたクジラはすべて、系列内の媒体に公開され、使うか使わないか、それぞれに判断させる。これで新聞は稼ぐ。部数が落ちて収益が減る分をこれでまかなうのだ。

情報だけを売る姿勢

それには新聞社の機構を根元から変える必要がある。情報の流れをタテからヨコに切り替え、どの媒体も情報を平等に利用できる仕組みにする。もうひとつ、情報をただ投げ出すのではなく、その情報の出所、信憑性、今後の展開の予測など、新聞社ならではの付加価値をつける。付加価値で売れる新聞、ウェブ、端末に変えていくのだ。これで他の情報企業を引き離す。橋本政権のころ朝日新聞が「庶民は同じ病院に長く留まれないはずなのに、首相の母だけはそれが許されている」という記事を書き、反響を呼んだことがある。このスクープを讃えながら、「長く留まってよい病院」はほかにはないのかを調べて一覧表にし、あわせて掲載したらもっとよかった、と担当者と話し合ったことがあった。付加価値とは、つまり、そんなものである。人びとが怒っているのは不公平さであって、長く留まれる病院に対してではない。そんな病院を必死にさがし求めているのが実態だ。

さらに進んで、ウェブや端末はもちろん、テレビ・ラジオ、スポーツ紙などの情報まで一元化する新聞社が登場するかもしれない。もはや新聞社というより総合情報社である。ただ、一新聞社が、さまざまな媒体をすべて統合・合併などの形で傘下に収めることには異論がある。考えられるのは、中央主要紙がデジタル・アーカイブ化され、それを中核にして関連媒体間で結成される「ゆるやか情報連合」だ。情報の価値判断は統合編集局がおこなうにしても、各媒体の自主性と独立性は残す。アーカイブの情報をどう使うかも、それぞれにまかせればよい。

ここで大事なことは、情報だけを売る、という姿勢である。この世界には、これからさまざまな情報関連企業が参入してくる。新聞社を提携相手にしたがっている企業も少なくない。情報プラスα、例えば通信システムを、電子機器を、クルマを、セットで売りたいという企業も多いはずだ。しかし、それをあわせて売る企業の情報を、人びとはいつまで安心して受け入れてくれるだろうか。新聞は情報だけを売る。なんのプラスαもない。その単一性、中立性が結局はかぎになる。間違ってもテレビ・ショッピングのような真似をしてはいけない。

販売競争の行方

時代の波に洗われているのは新聞だけではない。テレビも同じだ。とくに地方の民放のなかには淘汰の影におびえているところも多く、いずれ再編は避けられまい。その時期と新聞大不況が重なることになれば、日本のメディア界は一気に激動期に突入するだろう。次のような深刻な事態も考えておく必要があるかもしれない。

まず、激しい販売競争の行方である。中央紙では、読売新聞の一〇〇〇万部、朝日新聞の八六〇万部の二紙が群を抜き、これに日経、毎日、産経の三紙がほぼ拮抗しながら続いている。購読料の値上げができない昨今だけに、今後は各社の底力というか蓄積、とくに資金力が攻防の決め手となるだろう。端的にいえば、販売関係費にどれだけつぎ込めるかである。しかも、どの新聞社も販売・広告からの収益に手こずっているときだけに、どこから資金を捻出するかが最大の問題だ。

蓄えがあるところはいい。それがないところはどうするか。関連企業からの資金導入を加速させるか。異業種企業かどうかは問わず、他に資金援助を仰ぐか。それとも戦わずして降りるか。

何が起きても不思議ではない。すでに米国で続出している「メディアAによるメディアBの併合」が日本でも現実のものになるかもしれない。東証第一部の大企業がオーナーになって救済に乗り出すかもしれない。系列下のテレビ会社が逆に親元の新聞をコントロールするようになるかもしれない。日本の商法は新聞社の株式の例外扱いを認めており、いまは他からの参入はきわめてむずかしい。だから多分に心配のしすぎなのだろうが、それでも米国の状況を一瞥しておくのもむだではあるまい。米国雑誌発行者協会会長だったドナルド・マーフェルドの発言である。(14)

二〇〇〇年一月、AOL(アメリカ・オンライン)とタイム・ワーナーの合併が報じられた時、ニューヨーク・タイムズ紙は、両者にとって最も大きなチャレンジは、タイム・ワーナーの長年培ってきた、編集局と広告局とを厳密に分離するという伝統に対してであろう、と書き加えている。また、あるワーナーの役員は、いずれ「教会対国家」問題(引用者注――教会とは編集者、記者らを指し、国家とは広告などの媒体事業者を指す)にかかわる重要な衝突が起きるだろうと予想しており、「AOLでは、製品の外観や印象の決定は広告を販売する人たちが支配している。ワーナーでは、最終利用者の利益を考える編集者が駆動力になっている」と述べている。

中央紙と地方紙の提携

いつか中央紙同士の戦いには決着がつくだろう。そのとき、勝利した新聞社の目はこれまで以上に地方紙へと向けられていく。八〇万部規模以上のブロック(広域)紙は踏みとどまれたとしても、三〇万部規模前後の地方紙は苦しい。幾多の攻防のあと、新聞の系列化が進むはずだ。従属か対等かはともかく、中央紙と地方紙の本格的な提携である。

提携そのものはすでに始まってはいる。読売新聞は福島民友などの地方紙と提携関係にあり、十勝毎日新聞や島根日日新聞などの地域紙には記事を提供している。朝日新聞も岐阜新聞などの地方紙と提携、岡山日日新聞など地域紙に記事提供している。日本経済新聞のように、新聞印刷を地方紙にゆだねているところもある。自前の販売店をもたず、拡張も配達も地方紙の販売店にまかす中央紙のケースは昔からあった。

しかし、これから起きるであろう事態は、そんな小規模のものではない。戦時中につくられた「一県一紙」制度は、それぞれの県紙(地方紙)の発展に大きく貢献した。いまでは、その県下の新聞の八割以上を県紙が占めるところが少なくない。財政的にも裕福な時代が長く続いているが、今後には未知数の部分が多い。それだけに、資金が潤沢な特定の中央紙に攻勢をかけられると大変だ。

新聞によっては、中央の情報、海外の情報は中央紙から、地方の情報は地方紙から、中央紙の印刷は地方紙工場で、資材の購入は共同で、という形の本格的な提携が実現するかもしれない。

半面、地方紙のなかからは、新聞の独立の旗をおろさず、中央紙からの圧力をはねのけようとする動きも強まるだろう。論説記事や特集記事などをめぐっての交流や販売提携、新聞印刷の委託ぐらいはありえても、それ以上の提携は地方紙の存在理由を失わせる、という警戒の声が少なくないからである。

そうした抵抗の軸になりうるものとして注目されているのが地方紙連合である。秋田魁新聞、四国新聞など地方紙一三紙が二〇〇一年八月に結成した「ネット13」もそのひとつで、各社の記事情報を交換し利用しあっている。共同通信社も「フラッシュ24」を発足させている。[15] 地方紙の情報はさまざまなメディアのコンテンツに活用できる宝庫だけに、今後は電通などの大手広告企業やＮＨＫを含めた情報企業・団体などが関与する、さまざまな地方紙連合が誕生するだろう。

4　問われる新聞の「常識」

政治離れと新聞離れ

二一世紀は新聞と電子・電波メディアが棲み分ける時代である。たしかに「紙」の比重は下がっていく。だが一面で、それがもつ便利さについては、むしろ評価が高まるはずである。今世紀、紙の新聞はなくならない。ただし、これまで見てきたように、それだけで健全経営ができるかどうかは別の問題である。紙の新聞は残ったが新聞社はなくなった、ということもありうるだろう。

新聞はいま「製造業」に分類されているが、これからは情報を提供する「サービス業」に看板を変えなければなるまい。情報の提供先はこれまで通りの紙の新聞に加え、電子メディアであり、電波メディアである。ただ、他メディアはいまの新聞情報を評価してくれるだろうか。カネを払って買うほどの価値があると思ってくれるだろうか。

政治学者の丸山真男(16)はかつて「政治的無関心(アパシー)」が促進される条件として、次の三つをあげたことがある。

①政治機構の複雑化とその規模の国際的拡大。「政治をコントロールしているのは「我々」

ではなく「彼ら」だという意識に、そのアパシーは根ざしている」
②社会機能を担当する組織の膨大化。その内部における分業にもとづく精密な階層性の形成。「M・ウェーバーのいわゆる現代社会の官僚化・合理化の傾向は、それ自体アパシーの重要な醱酵素である」
③マスコミの代表するもろもろの消費文化。「政治家の紹介や描写をする場合にも、その政治的業績や政治的資質ではなしに、朝食の献立は何々とか、行きつけの待合やナイトクラブはどこそことといった私生活を好んでとり上げる」
政治機構が複雑になり、巨大化し、官僚化するにつれて、人びとと権力中枢との距離は広がっていく。ふつうの言葉が通じない。言っていることがわからない。その結果、政治は面倒な存在となり、関心は薄れ、敬遠する。

丸山がいう政治的無関心の要因と新聞離れの要因とは、実によく似ている。人びとが新聞離れを起こしたのは、政治離れのときと同様、新聞は〈我々〉のものではなく〈彼ら〉のものなのだ、と思うようになったからだろう。

巨大化。複雑化。官僚化。むずかしいことはわからないが、どうも息苦しい。そこから生まれる歪みの部分を指摘し、声をあげてくれるのが新聞だと思っていた。でも、その新聞までが巨大化し官僚化した。身のまわりのことに目を注ぐ余裕を失い、どこか遠くへ行ってしまったような気がする。人びとはこう思っているのではないか。

権力と有権者の間のつなぎ役、という新聞の務めを私たちは十分に果たせなかった。政治的無関心層を生み出した責任の一端は新聞にあった。二一世紀の新聞はこの反省から出発したい。それにはまず、新聞の「常識」を疑うこと、壊すことである。ここでは、そんな「常識」を五つとり上げ、検討してみたい。

「三人称報道は公正」か

旧・新聞倫理綱領には「ニュースの報道には絶対に記者個人の意見をさしはさんではならない」「人に関する批評は、その人の面前において直接語りうる限度にとどむべきである」という文言があった。新しい綱領からはこれが消えている。二一世紀の新聞報道は、もっと記者個人が正面に出てきて読者に語るべきだ、との考えからである。報道の中身が正確で公正、という絶対の条件さえ充たすならば、それに加えて記者が自分の見聞したこと、感じたことを一人称で語ることになんの問題もないはずだ。

国民は、世間は、という書き出しの文章、あるいは無人称の文章。さんざんそんな書き方をしてきた当人が言えた義理ではないのだが、これは読者に「うそっぽい」「そらぞらしい」といった感じをあたえているのではないか。もともと三人称記事は、客観報道を標榜するときや、新聞社ないし記者個人の見解を、あたかも一般的なものとして言明したりするときに有効だった。だが、状況は変わり、弊害も出てきた。三人称記事なら極端な場合、記者が現場に行かなくても書けるのである。これは私だけのことかもしれないが、一人称で書くときのほうが緊張感・責任感をより強く感じるような気がする。とりあえず三人称原稿を減らすだけでも、紙面は生気を取り戻すだろう。読者が新聞をわがものと思う第一歩になるかもしれない。

批評はその人の面前で言える範囲に、という一節には武士道の名残めいた感じがあり、新聞界にもファンが多かった。それは批評の本来の姿でもあろう。にもかかわらず、私たち綱領検討小委員会のメンバーがあえてこれを落としたのは、記事の評価基準を偏狭にしたくなかったからである。批評は面前でうんぬんの縛りが、かえって新聞の人物批評を甘くしたということはなかっただろうか、との反省もあった。匿名でも本名でも、いいものはいい。ここでも、正確で公正で、人間への尊厳性さえ失わなければ、批評にもさまざまなスタイルが認められてよい。

「客観報道主義は絶対」か

客観報道主義の歴史は長い。朝日新聞の一八八八年の社内通則には「公平無私をもって旨とし」とあり、一八八九年の毎日新聞の新方針には「不偏不党たるを期し」とある。これをとら

え て新聞学者の荒瀬豊は「〝中立性〟の看板のもとに両極の見解を公平にかかげて、新聞自体の主張はアイマイなものにとどめておく。この原則を守るかぎり新聞自体の責任は読者の追及から免がれ、(中略)つねに外部だけに責任を転嫁することができ」る、と書いた[17]。荒瀬が糾弾しているのは、客観・中立報道そのものなのか、それを巧妙に利用している(と荒瀬が考えている)新聞各社なのか、よくわからない。だが、日本の新聞のほとんどは、昔から客観・中立報道主義を社是に掲げてきた。

客観報道は悪だ、と決めつけるのは間違っている。フォーラムとしての新聞の役割を放棄し、自社の主張に沿う見解しか掲載しない主観報道主義は論外で、二一世紀の新聞の名に値せず、有害である。新聞の比重と影響度を維持するためにも、新聞は努めて客観的で中立的な立場を貫くほうがいい。

ただ、それには条件がある。第一に、厳密な意味での客観・中立報道はありえないということを、新聞も読者も了解しあっておくことである。新聞社、記者はそれぞれが主観あるいは史観を持っている。それは報道の出発点である「関心」の方向や、ニュースの「価値」判断にかかわらざるを得ない。

第二に、出稿される原稿のうち紙面に載るのは(日によって違うが)せいぜい半分程度だろう。どの原稿を掲載するか、どの面に載せるか、どれぐらいの大きさで扱うか。それを決めるのは新聞だ。これらの段階ですでに、厳密な意味での客観性・中立性は侵されている。第三に、客観・中立報道主義はつねに隠れ蓑に使われる危険をはらんでいることである。とくに気をつけたいのは、客観・中立報道を「装った」紙面である。

客観・中立報道主義を掲げること、あるいは装うことは、いろいろとプラスだった。部数の維持に役立った。一〇〇〇万部、八〇〇万部という巨大な読者をつなぎ止めておくには、どちらか一方の側についてはいけない。両論を併記して、なんでも揃っております、解説記事もバランスよくできております、さあ、どちらをとるか、あなたがお決めなさい、というやり方である。例えば選挙のとき、どちらの陣営が勝っても、これならどこからも苦情は来ない。フォーラムとしての新聞の役割を貫いている、というかもしれないが、それは違うだろう。店頭に魚を並べたら、調理の仕方と食べ方を説明するのは当然のこと。新聞は中立報道主義を楯に、それを避けてきたと思う。

客観性を装うほうが楽だった。何かあると賛否両論、並べて載せる。どの新聞社にも少数ながら相当な専門家がいるのだが、彼らの出番は数えるほどだ。客観性だ中立性だということで、まず外部の識者の見解を、となる。この記事の筆者はこの問題についてどう考えているかが見えてこない。最近ではさすがに減ったが、最後まで読んだところで「成り行きが注目される」とか「国会での攻防が予想される」などと書かれていると、なんとなく損をした気になると言われたことがある。こういった記事は客観・中立報道でもなんでもない。

多くの媒体をサーフィンすることで、情報を見る人びとの目は肥えてきている。だから、舞台裏をすぐ見抜いてしまう。といって彼らは騒がない。黙って新聞から去っていくだけである。

心配なのは、これでは突き詰めて考える記者や一芸に秀でた専門記者が育たないことである。育てないから水準の高い記事が書けない。書けないから中途半端な記事で、客観・中立報道主義に逃げ込む。紙面の質が下がる。読者は退屈する。極端にいうならこの繰り返しだった。これからは専門的な知識と洞察力・分析力を備えた記者を育成し、それぞれの分野で責任ある主観的記事を書かせていくしか道はない。

へんな言い方になるが、情報は怠け者である。鍛えないとだめになる。つまり、記者の側が情報の入り口で満足したり、あきらめたりしたら、情報はそれ以上育たない。とっかかりの情報を根気よく捏《こ》ねたりぶつけたりして、いじめればいじめるほど、鍛えれば鍛えるほど、情報は量も質も向上する。悪しき客観・中立報道主義はときどき記者を怠け者にするだけでなく、情報をも怠け者にしてしまう恐れがある。

余談をひとつ。野党を担当していた一九七四年の暮れ、日本共産党と創価学会が共存協定を結ぶという破天荒なことが起きた。完全な密約である。しかし、これによって足元をおびやかされるとみた公明党の内部から異論が出始め、徐々にその存在が噂されてきた。締結から半年あまり後、両者は公表へ踏み切る。それを前にした最終的な儀式だったのだろう、宮本顕治と池田大作が会談することになった。ところが、これに立ち会えるのは毎日新聞だけだというではないか。代々木の党本部へ走った私に宮本は言った。「君らは何かあると談話を求めてくる。そのとき、自民党が二〇行なら社会党は一〇行、共産党は五行だ。こんな不平等なことがあるか。ところが毎日だけは原則として同じ行数を割いてくれた。私はこれを多としている。だから、今回は毎日新聞だけなのだ」

行数についての宮本の指摘は事実だった。当時は各党の勢力に比例して談話の量が決まっていた。宮本はこれに一矢報いたわけで、悔しかったが引き下がるしかなかった。

「新聞は間違わない」か

そのころ、日本共産党に文句をつけていたことの一つに「無謬性」があった。あなた方は無謬で、つねに正しいというのか。そんなのは思い上がりだ。そう言った覚えがある。しかし、よく考えると、新聞もまた長い間、無謬性の固まりだったのではないか。「間違っても弁解ばかり、なかなか訂正に応じようとしない」とか「自分たちは間違わない、と信じ込んでいるとしか思えない」。新聞記者ならだれもが、こんな批判を耳にしているはずだ。米国でも似たようなものらしく「一般の人びとにとって、誤りについての言い訳は許されないが、新聞人はさまざまな理由をつけようとする。そのほとんどは、締め切りに追われることや働きすぎを理由にしている」という調査結果がある。(18)

新聞は、当時の共産党と同じように、世間に対して身構えすぎていたのである。新聞には責任があるのだ、文字も表現も考え方も間違えてはいけない。たしかに、そんな説教を先輩から受けたことがあった。それに、誤報に対する新聞社の姿勢は決して甘くない。記者は緊張のしどおしである。真実を追う職業である以上、それは当然のことだ。間違わないよう、もっと敏感になる必要がある。

だが、新聞も読者もそろそろ「無謬性の神話」から抜け出そうではないか。いや、読者のほうはとっくに脱出しているらしい。新聞と新聞記者の水準がどの程度のものか、すでに承知している。間違いがあったとしても、目の色を変えるという人は以前に比べて減ったように思う。私もあなたも同じレベル、と考えるようにしている、と言った人がいる。問題は新聞と記者の側にある。とくに間違ったあとの処理にある。

時間が勝負の新聞だ。間違いがゼロになることはありえない。誤報で読者の信頼度は低下するだろう。しかし、その傷口がさらに広がるか、それとも治っていくかは、ひとえに新聞と記者の態度にかかっている。無謬という裃《かみしも》を脱ぐことだ。そのうえで、訂正は当然だが、関係者の言い分に加えて、間違いに至った経緯や取材し直した結果などを詳細に報道する。そういう時代になった。

無謬性とも関連することだが、このところ時代の激変に対応してか、あちこちの新聞社で社論あるいは社の姿勢に変化が現れつつある。

社論なり社の姿勢を変えるということは、それまでの主張が間違っていたか、それとも（あのときは間違っていなかったが）いまは時代に合わなくなったか、いずれかだろう。新聞は世相を映す鏡であり、その変化に最も敏感でなければならない存在だ。年金、消費税、公的資金の注入、ＰＫＯ五原則、自衛隊の海外派遣など、無謬性にこだわることなく、時代とともに社の姿勢を見直すことは、ある意味で当然でもある。

ここで大切なのは、読者への説明責任である。国家権力によって社論の変更を強制されたころと異なり、いまは読者をまきこんで新聞がつくられ、ときにはそれが社論にまで影響をあたえている時代である。問題の多くが国民の権利・義務にかかわり、暮らしに直結しているだけに、新聞としては十分に時間をかけ、自主的な論議のすえに、路線変更に踏み切ったものと信じたい。だが残念なことに、その結論に至る道筋が、明確かつ詳細に、わかりやすい形で読者に伝えられているかというと、大きな疑問がある。もともとの主張に誤りがあったというなら、そう言うべきである。時代の変化に対応してというなら、変化の内容を説明し、それに対応するにはこうするしかなかった、と語るべきである。

新聞は間違わないほうがいいに決まっている。だが、無謬というわけにはいかない。間違ったら直ちに訂正してわびること。方向を変えたらその理由と経過を堂々と説明すること。これがあって初めて読者は納得し、新聞を信頼する。

「横並び・同一歩調は必要」か

新聞・書籍の再販制度は維持されなければならない。文化部門には自由競争になじまない部分が必ずある。すべての規制を撤廃すればすべての人は幸せになる、という考えは机上の空論である。この確信は揺るがない。だが、若干のうしろめたさを覚えるのもまた事実である。それは、その背後に護送船団的な発想が透けて見えるからである。

再販制度を活かしたまま、朝刊だけ、夕刊だけの新聞は可能だし、宅配なし・駅売りのみなど、さまざまな売り方があってもいい。長期購読者には割引きするなど、購読料はもっと弾力的にできるはずだ。休刊日はあってもいいが、全新聞がいっせいに、というのはやめてもらいたい。新聞離れに拍車をかけているのと同じではないか。

これについては米国の実情が参考になる。サンフランシスコ・クロニクル紙は「連日配達」の仕組みをやめた。購読者は、週七日、六日、三日、日曜版のみという選択肢から選べるのだ。また、日本では考えられないことだが、フィラデルフィア・インクワイアラー紙は、正しい郵便番号のもとに住んでいる人には六八％の割引きをします、という手を打った。このほか、さまざまな割引き制度を取り入れた新聞が少なくない。これは極端な例だが、一生、安い料金で、といかないものか頭をひねっているところもあるという(19)。

販売店への口出しが多すぎる。新聞社は保護者的な色あいを薄め、販売店が自由な発想のもとで競争原理が働く仕組みを発案し活用できるようにすべきだ。販売店はどこも便利なところにある。地の利を活かして、端末機器を使った街の情報センターにする、宅配便を兼業する、新聞とあわせて民営化された郵便や小包を配達する、老人家庭に食料品やお総菜を有料で届けるなど、販売店はいくつも可能性を秘めている。

いまのままでは新聞界は、日本新聞協会を旗艦とする護送船団といわれても仕方がない。購読料も休刊日も、不思議に多くが横並びで落ちついてしまう。何か独自の道を歩もうとすると、直接・間接に待ったがかかることもある。個々の新聞社と販売店の関係も護送船団方式で、伝統と人情と補助金でがっちりと固められている。

再販制度は守り抜く。しかし、新聞界に内々に残る護送船団的な規制は崩していく。それを急がないと、それを理由にした再販崩し攻勢がふたたび始まるかもしれない。

護送船団方式は編集部門にも残っている。その代表例が記者クラブ制度である。人権擁護のための同一歩調など、今後もメディアの協調は必要だが、情報開示の日程まで記者クラブが決定するいわゆる黒板協定は、護送船団方式のなかでも最も悪質な例、といわざるを得ない。こうした言動と決別して初めて、新聞は変わったといえるだろう。

「右肩上がりは続く」か

九〇年ごろになると、部数が頭打ちになったことを隠す新聞社はもうなかった。それでも強がりを言い合い、部数はまだ伸びるという右肩上がりの販売計画をたて、予算を組んできた。一年に何回か、販売費をつぎこんで大増紙運動をやる。部数は増える。勝った、と思っているうちに、また減り始める。しばらくすると元の木阿弥だ。こういう苦い思いをどこの社もしてきた。

日本ではもう何年も前から、投下した販売費に見合ったほどの部数は伸びていない。それでも部数にこだわるのは、この国の特殊事情による。大衆紙と高級紙の区別が欧米ほどはっきりしない日本では「質は高級紙、量は大衆紙」を売りにしてきた。公平に見て日本の新聞は質が高く、これが売れることは悪いことではない。巨大部数の日本の新聞を頭から否定しようとは思わないゆえんである。

ただ、質といっても英国の新聞のように個性的ではない。横並びになりやすく、質の比較はなかなかむずかしい。こうして、わかりやすい指標である部数がステータスシンボルとなった。

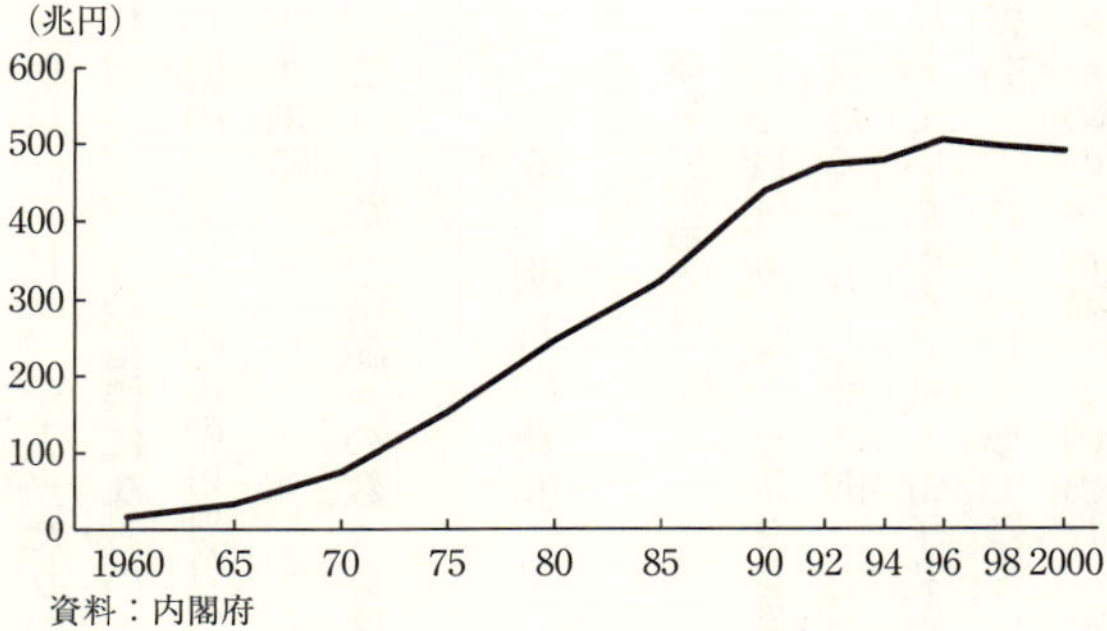

図5　名目GDP実額の推移

各紙が「全国一の部数」とか「とくに高い普及率」とかを宣伝材料にするのはこのためである。しかも、部数は広告料と直結しているから、部数増はすなわち広告増だった。だから、販売費に部数が見合わなくても広告で稼げばいい、という考えも可能だった。

しかし、広告市場の変化などを見ると、これからはそうもいかなくなるだろう。費用対効果という観点から考えて、販売費の増額も限界である。

そろそろ新聞社は、部数は減るという前提に立って、生き残りのための企業規模、実現可能な適正部数などを、冷静に設定すべきときである。右肩上がりのグラフを描くのではなく、例えば二〇二五年の新聞環境を分析し、安定部数を割り出す。そこから逆に左肩上がりのグラフを描く。そのとき、紙の部門とスクラムを組むウェブ部門の比重をどう考えるかが、企業としての命運を握ることになるだろう。こうして、二〇二五年時点での自分の新聞社の規模を定め、人員、賃金、設備、関連事業など、それへ向けて早めに手を打つ。

私見によれば、一人当たりの国内総生産(GDP)が英仏両国なみになった一九八〇年ごろの数字が、一つの指標になるのではないか。ちなみに八〇年の日本のGDPは約二四五兆五五〇〇億円(図5)、国民の可処分所得は約三〇万五五〇〇円、新聞の総売上高は約一兆四〇〇〇億円である。

こうした「常識」の数々を壊したあと、新聞の再生が始まる。

5 明日の新聞

新しい常識とは

なかば冗談だが、the newspaper を日本語にするとき、ペーパーの訳に「(目で見る)紙」ではなく「(耳で聞く)聞」をあてた先人は賢明だった。日本の新聞は最初から大きな可能性を秘めていたのだ。紙と電子装置を使い、目と耳のふたつの感覚器官に訴える魅力的なメディア、新聞。これは決して夢ではないのである。ただし、それには、新聞が新しい環境下で生き続けるための「常識」を創出し、それに沿って行動する、という条件を必要とする。

では、新しい常識とは何か。

①新聞力

「新聞力」は私の造語である。いまや新聞人の日常語になった観のある「(新聞の)商品力」という言葉にはどこか違和感があり、四、五年前から使っている。新聞は商品ではない、といっているのではない。立派な商品である。しかし、その商品はちょっと変わっている。第一に、読者にとって意味のあるものならば、新聞社はたとえ損をしてでも報道しなければならない。大事件があればカネがかかる。号外を出せばカネがかかる。それは、ときに損得を離れておこなわなければならない。

第二に、この商品はたった一日で価値が激減し、多くは捨てられる。それでも人びとが新聞紙を買うのは、それが扱う情報に用があるからだ。情報の質は目には見えず触ることもできないが、選択の基準はある。有益性(おもしろくて、ためになるか)、言論性(主義・主張が明瞭で、権力監視の役割を果たしているか)、影響性(世論の形成にどれほどの貢献をしているか)である。いずれも、ふつうの商品を選ぶときの基準と異なる。だから新聞に求められるのは、ふつうの商品力に有益・言論・影響の三つを加えたものとなる。それが新聞力である。もし、この三つの特性抜きで、ただ商品力だけが売り物だったら、それは新聞ではない。

読者は「顧客」です。これも新聞人の常套句になった。しかし私は「パートナー」と呼ぶ。

顧客というからには一方に店主がいるわけだ。本心はともかく、主人が揉み手をしながら客と接している、そんな風景が目に浮かぶ。もちろん、購読者と向き合う新聞社の姿勢が悪すぎたのである。しばらくは反省の意味からもお客さん扱いはやむをえないだろう。だが、いつまでたっても「店主と顧客」では、新聞の将来は知れている。二一世紀、新聞と読者は対等だ、パートナーなのだ、ということをまず確認しあうことから始めなければならない。お互いが甘えを捨て、鍛えあうのである。

朝日新聞の「くらし」面など、読者が参加して紙面をつくる試みが増えてきた。記者にも読者にも学ぶところが多かったそうだ。読者を巻き込む。一緒に仕事をする。こういう積み重ねが新聞と読者をパートナーの関係にもっていく。しかし、それだけでは十分でない。もっと双方向性を強める必要がある。

「くらし」面は二〇〇三年一月、「ちょっとまてよ…」という企画を始めた。ねらいは「決まりだから守るという発想を変え、そのルールが本当に必要なのかどうかを問い直す」だという。第一回は「学校の天井、高いのはなぜ」だった。だが、せっかく学校をとりあげながら、登場するのは役人だけである。天井が高くてせいせいしている、あるいは、もったいないと思っているのは、子どもであり親であり先生である。どうして彼らを「探偵団」に加えないのか。双方向性を強めるいい機会ではないか。

この企画そのものは悪くない。暮らしだけでなく、政治、経済、外交、みんなが疑問に思っていることは多いからだ。むかし「もの申す」という人気の高い欄が朝日新聞にあった。読者から寄せられた役所などへの苦情・抗議を、記者が代わって役所にもちこみ解決の道を探る。これも双方向性のひとつだろうが、いまはこれだけではだめだろう。読者と記者がいっしょに解決にあたるのだ。自衛隊の海外派遣が決まる前に「ちょっとまてよ」と待ったをかけ、(新聞の第一面的な視点ではなく)「くらし」面的な視点からじっくり考える紙面を、読者とともにつくる。そんな工夫に想像をめぐらすことは、二一世紀の新聞づくりに大いにヒントになるのではあるまいか。

②クオリティ

新聞社と新聞記者が変わらなければ、新聞力は強くならない。

「編集のクオリティと経済的な成功は表裏一体である」。一九七四年、米国の新聞シンジケート、ナイト・リッダー社の創業者の一人だったリー・ヒルズの言葉である。有益で、他社にない優れた情報をいかに早く取得するか。読者の要望に応えるために、情報のブランド力を高めるために、それにどんな付加価値をつけるべきなのか。すべては編集のクオリティを向上させることであり、これが新聞力を強めることにつながる。

編集のクオリティは紙面だけではなく、ウェブ、テレビ、端末などの情報の質に直接影響してくる。だから、情報の吟味は格段に厳しくなる。これまでは、読者が紙面に文句を言ってくるのは早くて翌日だった。しかし、ウェブなどをお得意にするようになると、そうはいかない。早いか遅いか、正しいか不正確か、ためになるかならないか、視聴者からの反応は瞬時にやってくる。新聞はそれに答える義務がある。記事には記者の署名が入り、デスクはこれまで以上に厳しく原稿を点検するようになる。一方で、なんの反応もない情報は「価値なし」。どのメディアもその社からは買わなくなってしまう。

質のいい新聞をつくるには優秀な記者が要る。新聞社の人員削減を含むリストラは間違いなく進行するが、新聞記者を、とくに地域の情報を押さえている記者を、手軽に手放す経営者は、のちのち大いに後悔することになろう。これほど層の厚い取材網をもっているのは新聞だけであり、代わりはそう簡単に補充できない。ウェブやテレビや端末の情報企業がどうあがいても、これればかりは促成栽培できない。

しかし、記者の淘汰は避けられない。読者と視聴者の吟味に堪えられる記者だけが残るのだ。新聞社のスターであり、編集局の主柱でもある取材記者ですら安泰ではない。「今日からOPEC」とか「サミットで勢ぞろい」といった前触れ的な記事、「答申を受けてガッチリ握手」といった退屈な写真など、だれも相手にしなくなる。いつの世でも新聞の生命はスクープである。ただし、今後はこれまで以上に質が問われる。

大企業の人事を抜いた。発表前に白書をスクープした。これまでなら英雄扱いされただろうが、いまや、それだけでは十分でない。新聞社にしかできない、がっちりとした調査報道にもとづくスクープが求められている。それができる記者。それを積極的にやらせる部長・デスク。彼らが主役になるだろう。

スクープが不得手な記者は、どうすれば生き残れるか。おもしろくて、ためになる(ユースフルな)記事を書くことである。「おもしろく」とは、まず、わかりやすくなければならない。次に、人間の営みを描いたものでなければならない。女優のゴシップや政治家の下卑た話を書けというのか、と問う人があれば、あなたは「おもしろく」を勘違いしている、と答えよう。大事なことほど、深刻なことほど、人間の営みにひきつけて書く。

例をあげよう。「街」をテーマにした連載は多い。だいたいが昼の顔を描いて終わりだ。私のある後輩は違う。月夜の晩、欠かさずそこへ出かけていく。昼間はごみごみとした騒音の街が月光に照らされる。そこに現れるのは昼間とはまったく違う静寂で清冽な世界だ。彼が書いた記事で初めて、住民たちは自分の街の美しさを知った。

一方、ユースフルな記事とは何か。二〇〇三年二月、韓国・大邱《テグ》市で地下鉄火災の惨事があった。そのあと日本の各紙に国内の地下鉄の防火対策基準の達成状況が、国土交通省発表として掲載された。排煙設備については二六％が、避難通路については一七％が基準に達していなかったという。しかし住民にとって必要なのは「数字」ではない。どこの駅が不備なのかという具体的な事実である。利用者にとっては、これこそ切実なデータであり、ユースフルな記事なのだ。それがどこにも無い。

他の例をあげよう。

原子力発電所は危険だと書くだけでなく、どう危険なのか、どこが危ないのか、どうすれば住民はその危険から脱することができるのか、地図・写真・図表を入れて、具体的に説明されている記事がユースフルなのだ。さらに大学入学資格検定の制度が変わったと報ずるだけでなく、どう変わったのか、科目、日程などがきちんと載せてある記事がユースフルなのだ。これで関係者は役所に問い合わせる手間がはぶける。役に立つ記事が書けないのは、読者を思いやる心がないということにならないか。

③「で」と「が」

おもしろくて、ためになる。次に記者に求められるのは「それでどうした」と「それがどうした」という自問の姿勢である。何か事件が起きる。記者が追う。次々に入ってくる情報。それを要領よく整理し、経過から展望まで一本の記事にまとめる。模範的な原稿の一丁あがりである。

東京大学社会情報研究所で新聞論を講じたとき、新聞社の支局でアルバイトをした経験のある学生がいた。ある晩、彼が支局に居残りしているとき、児童が虐待され死に至る事件が起きた。夜の九時半ごろ、かなりの情報が集まったところで、中堅記者の一人が執筆にかかった。当の記者がぽつり漏らした。「これでなんとか形になるな」

学生にとってこれは「非常に強く印象に残るひとこと」だった。彼はその思いをこう書いている。「個別の〈事件〉がどのような特異性をもっていようとも、いわゆる〈事件〉の第一報を新聞が伝える〈形〉というのは定型化しており、その〈型〉にはめるだけの〈部品〉がやっと揃った、というふうに聞こえた」

これは鋭い。私も「なんとか形がついた」と言った覚えがある。それで終わり。形だけは整っているけれど、深みに欠ける。ここからは「それでどうした」という疑問は出てきようもない。優等生原稿の落とし穴である。

一方、「それがどうした」というのは、元フランス大統領ミッテランが私生活について記者に聞かれたときのせりふである。だが、私生活を暴こうとする記者だけの問題ではない。いまはあらゆる情報が洪水のように流れ込んでくる時代だ。よほどの知識と分析力をもっていないと、どのニュースにも簡単に飛びついてしまう。しかも、本筋と脇筋がこんがらかったニュースは増えるばかりだ。油断すると足をすくわれる。一歩立ち止まって、それがどうしたの、と自問する必要がある。そして、これこそ新聞の強みである。これまでのところ、速報型のメディア、娯楽過剰のメディア、出所不明の情報専門のメディアには、この「それがどうした」という視点はない。彼らにとって、それはむしろ邪魔なのだ。

新聞記者の側に、「それがどうした」という視点がなく、それを考える知識も分析力もないのなら、他の部門に移ったほうがいい。代わりに学者や専門家を招聘するのである。任用は数年間、もとに戻れる回転ドア方式で、いわば旬のときに客員論説委員や客員編集委員として新聞社で働いてもらう。その記事や論説に対する学者や専門家からの期待が高くなり、新聞社は人件費の抑制に役立つ。あちこちの新聞社で取り入れられるだろう。

④シビック・ジャーナリズム

バベルの塔づくりに執念を燃やした人間は神の怒りを買い、野心はついえ去った。新聞の部数競争はいま、それに似た状況にあるのではないか。現代の神である読者の不平不満が高まり「将来は無限」という新聞の野心をつぶしつつある。紙と電子の双子型に未来を託すとしても、その前に「紙」の分野が危うくなるという新聞社も少なくない。部数に全面依存するのではなく他紙にない特色を売りにして勝つ、こんな生き方を模索する新聞社が増えてくるだろう。だが、その「特色」が何か、探し当てたところはまだない。

高齢者社会だ、老人向きの新聞をつくろう。いや、これからのマーケットは若者だ、若者情報満載の若者専門紙でいこう。女性こそターゲットだ、キャリアウーマンで優雅な独身女性を相手に、ゆったり、豪華版で。東京二三区ごとの地域新聞もいいなあ。こういったアイデアは、どの新聞社でも繰り返し論議されている。だが手が出せない。新規に発刊するのはいいとして、どれぐらい売れるか。広告はつくか。将来性はあるか。肝心の本紙が喰われることはないか。このあたりで、だいたい議論は行き詰まってくる。

それだけに、朝日新聞社が二〇〇一年九月、週刊新聞「セブン」を創刊したときは大きな話題になった。同紙はトップダウンで生まれたのではない。編集局とは無縁の女性社員数人が中心となって研究を重ね、あちこち走りまわり、これはいけると判断して提案してきた。若者を読者対象とし、ニュースの扱い方もデザインも、これまでの新聞の概念と違って野心的だった。残念ながら同年一一月、わずか八号を出しただけで、採算がとれず消えていった。いまでもそれを惜しむ声は新聞界に多い。一方で、それほど新規の新聞づくりはむずかしいという好例でもある。

となると当面は、体裁はいまの新聞のまま、ただし内容を一新するしかない。といって、恒例になった「紙面刷新」「紙面改革」程度では読者をつなぎとめることはできない。部数減を前提に、むしろ逆手にとって新聞をつくる。読者層を限定し編集内容を絞り込むのだ。つまり、百貨店方式から専門店方式に変える。これが生き残りを賭けた一新である。

日本にはなぜ「ルモンド」のような高級紙がないのか。日本の学術文化の水準や知識層の意識などにかかわる大変にむずかしい問題である。しかし、「ルモンド」を生み出せない日本の新聞界の答えは簡単だ。「売れないから。採算がとれないから。日本の新聞は欧米の大衆紙と高級紙をみごとにミックスし、質では世界の高級紙にひけをとらないから」

だが、これからはそれでは通るまい。硬質の文化への関心は世界的に高まっている。例えば、外国で出版された本がたちどころにインターネットで注文できる時代である。いまのような「日本村」でしか通用しない読書面に、人びとが満足できない日が必ず来る。あらたな知識層の形成を手助けする気概が求められている。

一方で、二一世紀、「高級」の概念が変わり、大衆紙か高級紙かという発想そのものが陳腐化し意味を失っていく。かわって一握りの大部数紙と数多くの小部数紙が共存する時代がやってくるだろう。読者の関心はますます拡散し、求める情報も分析も多様になっていくからである。新聞は多様化するかわりに、浮沈もまた激しい。大部数紙は読者の慢性的な新聞離れを防ぐため、巨額の資金を必要とする。それだけではない。いろんな形の異業種参入がある。カネにあかせて新聞やテレビを買収し、企業や一部権力に都合のいい報道をする。あるいは、それによってカネもうけに熱中する。そういう、いわゆるマーケット・ジャーナリズムとも戦わなければならない。もちろん、一方の小部数紙は販売収入だけでなく広告収入も減るから、内容で負けると読者は去り、即退場となる。

それでも小部数紙の強みは少なくない。企業の規模が小さくなるから経費が減る。焦点を絞れるから効率的な取材ができる。地域社会とのつながりが強まり、読者とのパートナー的関係の構築も容易だ。大部数紙にはできない住民重視の紙面がつくれるのである。

このことは、いわゆるシビック・ジャーナリズム(パブリック・ジャーナリズム)と関連してくる。傍観者的な立場から報道するな、地域社会や住民の視点で報道せよ。九〇年代以降、米国で成果をあげつつある考え方である。これは、しかし、簡単ではない。何が問題か、どうすれば解決できるか、読者に提示し、一緒に立ち向かう。一緒に悲しむ。一緒に喜ぶ。これができるのは、かねがねその地域のことを熟知している小部数紙である。実際、米国でシビック・ジャーナリズムが成功しているのは、地域社会に生きる小さな新聞でありテレビだ。ニューヨーク・タイムズなど米国でも大手紙は、この方向に冷淡だといわれているが、日本の場合、米国紙よりはるかにすぐれた「地方版(県版)」を持っているのだから、シビック・ジャーナリズムを活かす範囲は広いはずである。

このままでは無料新聞のほうがシビック・ジャーナリズムの分野で活躍するようになるかも

しれない。一九九五年にストックホルムで「メトロ」が創刊されて以来、いま欧米では無料日刊紙が大変な勢いで伸びつつある。日本でこそ十分な力を持ちえていないが、メディア専門家・大前純一の教示によると、二〇〇三年二月、米国ではかつての名門紙「サンフランシスコ・エグザミナー」が無料化するところまで来た。週五日、毎日四〇ページのタブロイド版の新聞をサンフランシスコ市内三〇〇〇カ所で配布するという。無料で、しかも街ダネ中心。人びとが飛びついて、双方向性の新聞として成長する可能性が高いかもしれない。

それでもいまの新聞に不満な人は、どうするか。今世紀、こういう人びとはカネを出しあって、自分たちだけの新聞をつくるようになるだろう。新聞社を興すのではない。信用する新聞社に委託して、もっと希少価値のある、専門的な情報だけを収録した新聞を発行させるのである。新聞社としても、いい商売だ。本紙では用がないと思っていた情報が商品になり、輪転機が空いているときに印刷できる。しかもメンバーの買い切り制だから、刷っただけ必ず売れる。

そのヒントになるのは、硬派で鳴らすフランスの月刊論評紙「ルモンド・ディプロマティック」(LD)である。同紙は日刊新聞「ルモンド」の姉妹紙で、反ネオリベラリズム、反グローバリズムの色彩が濃い。同紙の記事はときどき日本にも紹介されている。

LDの特徴は、その背後に「友の会」が控えていることだ。一九九五年に結成され、二〇〇〇年当時で会員一万四〇〇〇人。本部はパリにあり五五の地方支部を持つ。いくつかの国には在外通信員を置いている。友の会はＬＤの株式を多数保有しており、財政的にこれを支えている。だが、それだけではない。ＬＤの読者サロン的な性格をもち、定期的に各地で会合をもったり、シンポジウム形式の討論会を開いたりして意見をぶつけあう。二〇〇三年三月現在、年間三五ユーロ(学生・失業者は一五ユーロ)で会員になれるそうである。

注

(1) 小林雅一『グローバル・メディア産業の未来図』(光文社、二〇〇一年)
(2) 朝日新聞(二〇〇三年一月四日付)
(3) 総務省『情報通信白書』二〇〇二年版
(4) Mark Fitzgerald, "Take one e-tablet and read it in the morning" (*EDITOR & PUBLISHER*, Nov. 4, Dec. 16, 2002)／Mari Pascual, "Tablet PC and digital ink; Combining screen and paper" (*newspaper techniques*, Dec. 2002)
(5) 日本新聞協会『新聞事業の経営分析 一九八六―一九九六』
(6) 日本新聞協会『新聞事業の経営動向 二〇〇一年度』
(7) 電通『平成一四年(二〇〇二年)日本の広告費』二〇〇三年

(8) 枝川公一「インターネット・メディアの現在」(『みすず』二〇〇二年五月号)
(9) 朝日新聞(二〇〇三年一月八日付)
(10) 波津博明「テロと中東が中心テーマに——オンブズマン世界組織大会」(『新聞通信調査　会報』二〇〇二年七月一日号)
(11) 内閣府「第四回情報化社会と青少年に関する調査」二〇〇一年一一月実施
(12) 日本新聞協会「第二回盛年層と新聞調査」二〇〇一年五月実施
(13) 日本新聞協会「第二回単身者の新聞接触に関する調査」二〇〇〇年二月実施
(14) ドナルド・マーフェルド「米国ジャーナリズムの独立性」上下(『電通報』二〇〇〇年三月一三、二〇日号)
(15) 桂敬一「新聞媒体の未来——過去・現在から探る将来像」(『新聞経営』二〇〇二年Ⅳ)
(16) 丸山真男「政治的無関心」(『丸山真男集　第六巻』岩波書店、一九九五年)
(17) 荒瀬豊「新聞独占の形成過程」(『思想』三六八号、一九五五年)
(18) Christine D.Urban, "Examining Our Credibility——Perspectives of the Public and the Press" (American Society of Newspaper Editors, 1999)
(19) Lucia Moses, "Circ directors shop for subs in discount aisle" (*EDITOR & PUBLISHER*, Nov.18, 2002)

補　章――二一世紀の「戦争」と新聞

戦争をどう報道するか

過去において新聞は、大事件とともに、とくに戦争とともに、大きく伸びてきた。子や夫を戦場に送りだした人たちにとって、新聞は彼らの消息を知るための細い細い糸であった。私の父母もあのころ、紙面に「支那(中国)」「大同」という地名がないか、無意識のうちに探っていたように思う。当時、次男がそこで従軍していたからである。さきの大戦中、日本のあちこちで同じ風景が見られたことだろう。

あれから半世紀以上、私たちは「戦場での同胞」に思いを致すことなしに過ごすことができた。幸せだった。これだけは何としても失いたくない喜びである。一方、世界では、その間にもあちこちで紛争があり、戦争があった。いまも多くの人が殺傷され、家を焼かれている。戦争は依然として最大のニュースである。

戦争をどう報道するか。生命を賭けて戦場に身を置く記者・カメラマンだけでなく、あらゆるジャーナリストにとって、いつの時代にあっても、これは永遠の課題である。とくに、映像メディアの進出と伝達手段の進歩によって、戦争と報道がますます密接にからみあうようになった二一世紀の今日、この設問の持つ意味は一段と大きい。端的に言えば、報道の姿勢によって戦争の行方が左右されるのである。

湾岸戦争で空爆開始後、欧米メディアでただ一人、バグダッドに残ってCNNの現場中継を続けたピーター・アーネットが回顧するように、「歴史の検証にも堪える目撃証言を伝えることは何よりも意味がある。湾岸戦争では、われわれの報道によって空爆に変化があった」[1]。半面、戦争の様相の変化によって、戦争の当事者による情報のコントロールはより容易になった。このことは、二〇〇三年三月の米英両国による対イラク戦争で、改めて現実のものになっている。メディアの対応次第では世論の誘導も思いのままである。

「戦争」の定義

では、戦争の様相がどう変わったというのか。変容の第一は、これまでの「戦争」の定義が、主に米国の言動によって、大きく変えられつつあることだ。

国際法によれば、「戦争」(war)とは二国または二国以上の国が平時の状態を中断し、互いに武力によって敵対行為その他の対敵措置をとることができる状態を言う。では、一部のグループによるテロとそれに武力でもってなされる敵対行為は戦争なのか。これは「紛争」(conflict)であって戦争ではない、というのがこれまでの通念であった。例えば、八〇年代に米国でもてはやされた概念に「低強度紛争」(low-intensity conflict)がある。

低強度紛争とは「対立する諸国家あるいは集団の間の政治軍事的対立で、通常戦争以下で、国家間で日常的にある平和的競争以上の〈レベルにある〉紛争」。そのミッションは反乱鎮圧、反乱支援、平時緊急作戦、対テロリズム、反麻薬作戦、平和維持活動である。対テロには防御と攻勢があり、軍事力を使用した先制、報復的攻撃が容認されている。

しかし、冷戦の終焉とともに低強度紛争という概念は後退し、九三年以降、米軍のドクトリンにおいては「戦争以外の軍事作戦」(Military Operations Other Than War: MOOTW)という、より広いミッションを包括する用語に吸収されていく。MOOTWは米陸軍教範によれば「戦争には至らない範囲で軍事力の使用を含む作戦」(2)。低強度紛争のすべてのミッションとあわせて、人道援助、非戦闘員の救出などである。

だが、その境界は曖昧になっていく。防衛大学校の宮坂直史は書いている。

米国は(中略)どうしても圧倒的な火力に依存しがちである。冷戦後の近年であっても例えば、テロや大量破壊兵器拡散に通常戦力で対抗しようとする事例が見いだせる。九八年八月のアフガニスタン・スーダン空爆や九八年一二月のイラク空爆は、その政治的効果が明確ではなく、このようなMOOTWのケースにおいて外科手術的空爆で対抗することの意義は厳しく問われよう。本来、特殊作戦部隊の能力の方が適切であるにもかかわらず、政治的に複雑なイッシューにおいて、単純に火力で制圧もしくは影響力を与えようとする傾向は続いている。低強度紛争もMOOTWも〈戦争〉ではないと見なしてきたにもかかわらず、あたかも戦争に対処するかの如く対応をした。(3)

九・一一事件後、この米国の傾向にさらに拍車がかかった。テロこそが米国の「死活的国益」に対する脅威とされ、これに対抗するためにあらゆる力を集中することにした。加えて、九・一一事件以前からブッシュ政権が敵対視していたイラク、イラン、北朝鮮の三カ国をその延長線上に据え、大量破壊兵器の拡散をもくろむテロ支援国家と位置づけた。その崩壊のためには、二〇〇三年三月の対イラク戦争で明らかなように、米国はあらゆる手段を用いるはずである。しかも、テログループに国境はないから、将来、米国はイラク、イラン、北朝鮮以外にも多くの「悪の枢軸国」を抱えることになるかもしれない。実際、米国の攻撃対象は世界の三分の一を超える六〇カ国以上になるだろう、という見解を示す専門家もいる。(4)

もはやブッシュ政権は、国際法にもとづく戦争の定義とか、戦争と戦争以外の作戦の違いといったものには、何の配慮も示さないであろう。ブッシュにとっては、自分が戦争と言えばそれは戦争なのだ。しかし、それを世界はまだ認知していない。二一世紀に増えると見られる「不確実性」との戦いを戦争と呼ぶにしても、それはあくまでカギかっこつきの「戦争」であり、従来とは質的に異なる「新しい戦争」である。

ブッシュ・ドクトリン

だれもが言うように、九・一一以降、ブッシュ政権の国際関係に関する言動は異常である。それが凝縮された形で明文化されたのが、事件から一年後の二〇〇二年九月に発表された「国家安全保障戦略」、別称ブッシュ・ドクトリンであった。その一節――

脅威が米国の国境に達するよりも前に破壊することで、米国の利益を防衛する。米国は国際社会の支持を得るために努力を継続するが、必要とあれば、単独行動をためらわず、先制する形で自衛権を行使する。

米国のイラクに対する先制的な武力行使の根拠はこれである。そして、ここが重要なところだが、このドクトリンさえあれば、論理的には、米国はどの国をも自衛権の名のもとに先制攻撃することができる。北朝鮮についても同じ理屈が使われるかもしれない。しかし、武力による先制攻撃は一般的には「侵略」とされており、国際法に違反する。だからこそイラクのクウェート侵攻は全世界から糾弾されたのだった。

国連憲章はすべての武力行使を否定しているわけではない。国連の集団的安全保障の枠組みでおこなわれる場合(憲章第七章)、国連の安全保障理事会が必要な措置をとるまでの間、自衛権の行使としてなされる場合(同第五一条)は例外的に容認されている。

問題は第五一条の解釈だ。自衛権による武力攻撃は、①相手の武力攻撃が実際におこなわれた後においてのみ認められる、②武力攻撃の目的をもつ軍事活動が直接開始された場合ならよい、③慣習法にもとづき、先制的におこなってよい――という三つの説がある。ブッシュ・ドクトリンは③の説をとっているが、国際法学者の多数は①の「武力攻撃が発生した場合」であり、これが定説とされてきた。過去の多くの戦争が自衛権の発動を名目に始まったことへの反省からである。対イラク戦争開始の直前に、イラク問題に関する声明を出した日本の国際法学者グループも「自衛権発動の要件である武力攻撃は発生していない」と述べている。

米国の軍事革命

戦争の変容は第二に、米国の軍事革命（RMA）によってもたらされた。いまの米国は唯一の超軍事大国である。彼らはそれを冷戦での勝利と自らの軍事革命によってなし遂げた。力を背景にして米国の翻意を促すことのできる国家はどこにもない。米国の一人勝ちの状態は、二一世紀、当分続くと思わなければならない。

アメリカの軍事力の質的優位は際立っている。先端コミュニケーション技術、情報技術の軍事応用面でアメリカは世界を大きくリードしているし、戦域での情報を統合・処理することで、敵のターゲットを遠くから驚くべき正確さで破壊する能力についても、他の追随を許さない。ワシントンは、アメリカに次いで大きな軍事技術部門の研究開発（R&D）

予算を持つ上位六カ国の合計額のほぼ三倍に達する莫大な予算を組んでいる。(5)

米国の軍事革命の狙いが「効率のよい戦争」の遂行にあることは間違いない。このことは、その最も重要な要素が「長距離精密攻撃システム」の構築と維持にあることで明らかである。自陣営の人的被害を最小限にとどめることを第一義に、相手の陣営に対しては、可能なかぎりの遠方から、狙った目標だけを確実に効率よく破壊しつくす。これによって、米国側はリスクが局限され、自国民からの批判も限定される。戦争の実態は、これも対イラク戦争で実証されたように、最先端技術によって撮影された、しかも米軍当局が容認した範囲内の映像でしか、ほとんど知ることができない。戦争はテレビ画面を通じたショーとなり、私たちはテレビゲームの世界と混同してしまう。戦争なら必ず人びとにもたらすであろう「痛み」の感覚がここにはない。戦争への後ろめたさが減り、一般的には戦争がしやすくなってくる。

「従軍」記者たち

戦争の変容の第三は、情報の送り手側の問題である。新しい「戦争」は、可能なかぎり血なまぐさい戦場の風景を人為的に消去するため、俗に「きれいな」戦争と言われている。それが人びとの「痛み」の感覚を麻痺させているのだが、そうするためには大がかりな仕組みが必要となる。その一つが戦争報道記者・映像クルーに対するサービスである。

ベトナム戦争を現地で取材した記者たちによると、ベトナム戦争ほど報道の自由が確保された戦争はなかった。しかし戦後、これが敗北の原因だった、という分析が米国内にあらわれ、以後、戦争下のメディア・コントロールが模索されるようになる。そのせいか、湾岸戦争では少数の記者にしか前線取材を認めず、勢い代表取材が主流となった。

だが、事情は大きく変わった。明らかにイラク攻撃を視野に入れていた米国防総省は、二〇〇二年一〇月末の段階で早くも「軍・メディア合同演習」を計画、米国の記者に参加を呼びかけた。さらに二〇〇三年二月には、五〇〇人以上の記者・テレビクルーの「従軍」を認めることにした。そして開戦となると、その数は六〇〇人を超える事態となった。メディアを排除するのではなく、むしろ戦争の遂行のために積極的にこれを活用する方向へ、舵を切り換えたのである。

日本のメディアもその一員に加えてもらおうと、早くから目の色を変えていた。一方、通信技術の進歩は湾岸戦争当時とは比較にならず、現地からの二四時間生中継も可能になった。テレビ各社は二〇〇二年末の段階で、自社専用の伝送装置をそれぞれ関係諸国に持ち込む態勢を固め終えていた。

米軍に受け入れられた記者たちは、現地で分散配属され、各部隊で兵士たちと寝食を共にし、化学生物兵器用の防護服や食料が提供される。戦場での移動は当然、軍提供の車両ということにならざるを得ない。分担金は払うとしても、食事も車も向こう持ち。俗に言うアゴアシつき取材に近い。戦争報道の宿命だが、先方にすればこれは慈善事業ではないから、もちろん報道は極度に制限されるし、情報操作も頻発する。そのなかで、いかに巧妙に真実を伝えるか、これが戦争記者の勝負どころである。

他方、戦争について、情報操作専門の企業が出現してきた。一方の戦争当事者の依頼を受けて、それに有利な情報、有利な映像を、世界のメディアに流すのだ。アフガニスタン戦争を取材した記者によると、この戦争は戦場シーンに乏しく「絵」になりにくかった、といわれる。短期間の戦闘。局部的な戦闘。効率的な戦闘。これが二一世紀の「戦争」の特色だけに、今後、ますます「絵」になる映像が貴重になる。民間のメディアはそれを自前で入手できないから、きれいに編集された希少で貴重な映像に飛びつく。それを繰り返し繰り返し茶の間に流し、一方的な戦争像を人びとの頭脳に擦り込んでいくのだ。

テロ対策とロイター通信

もうひとつ、ブッシュ政権が異様なところは、テロ対策のためなら基本的人権であるさまざまな「自由」を犠牲にしてもかまわない、との姿勢を露骨に打ち出していることだ。「戦争」報道についてのメディア・コントロールはますます巧妙になり、ついには他国のメディアの報道姿勢にまで容喙するようになった。

国際通信のロイターは、「テロリスト」という言葉を使う際はとくに慎重にするなど、九・一一以降も客観報道を貫いていることで知られている。そのロイターに対し、米国政府や利益団体などが編集方針の変更を迫っている、と二〇〇二年九月一八日付の英フィナンシャル・タイムズ紙が報じた。「中立的すぎる」という理由である。だが、ロイターは干渉に屈していない。同社のニュース部門責任者スティーブン・ジュークスは、「多角的にニュースを報じることは以前にも増して重要だ。アラブとイスラエルの紛争を例に挙げれば、一般的に米国での見方はイスラエル寄りで、欧州ではアラブ寄りだ。我々はそうした意識をくぐり抜けて、事実を客観的に報じなければならない」と語っている。(6)

テロが発生する。報復攻撃が起きる。テロの噂が流れる。無実の人がつかまる。報道が規制される。容疑者が逮捕される。またテロが起きる。報復する。他方で、列車が脱線すればテロかと疑い、スペースシャトルが空中爆発すればテロかと疑う。最悪の場合、こんな日が毎日のように続くかもしれない。人びとの感覚が麻痺する一方で、疑心暗鬼もつのる。国家のテロ対策はすべてが正当化され、テロ本位制とでもいうべき時代が訪れる。二一世紀の「戦争」とはそういう状況の総称である。

出来事を多角的に見る

こうした「戦争」を日本の新聞はどう報道すべきなのか。

この「戦争」の特徴は、終わりがなく、展望がもてないことである。なるほど、超軍事大国の米国は国際法を無視して、ブッシュのいう「ならず者」政権を押しつぶすことができるかもしれない。だが、軍事力は、そうした政権を生み出した因子まで消し去ることはできない。従来の構図とはまったく違う事態、つまり戦争は終わったと思った日から新しい戦争が始まることも十分にありうるのだ。そういう「戦争」を正確に伝えるためには、これまでの戦争観にもとづく発想、取材、編集、表現を、すべていったん捨てなければならない。「またテロ」「広がる怒り」「明日にも空爆へ」「着々と進む攻撃準備」といった、客観性を装った記事の繰り返しでは、いずれ新聞を読む人はいなくなるだろう。新しい戦争には新しい角度からそれを見据えた報道スタイルが必要である。

どこが陥落、どちらが勝った式の単純な報道が喜ばれたのは、いずれ戦争が終わって平和がきて人びとは安楽に暮らせる、という前提があったからである。しかし、人類はいま「終わっても終わっても紛争」といった「戦争」を戦おうとしているのだ。戦況の報道も大事だが、それよりも紛争のリンクをいかにして断ち切るかに焦点をあてた報道が必要になってくるだろう。あるいは、テロの根源から入って南北格差に思いを致す報道が必要になるだろう。戦争の背後関係、なかでもエネルギー問題に切り込んだ報道が求められるだろう。こうした問題は、テレビゲーム的な戦争報道では解きあかすことはできない。新聞なら、国際法から戦争の歴史まで、その背景を詳細に展開することができる。

しかし、人びとはいまの新聞の戦争関連報道に満足していない。「最近の新聞、雑誌、テレビのほとんどはどうも「戦争が始まるぞ」と旗を振っているように感じます。客観的事実を伝えているようでも、それは一方からの意見になっていませんか」(7)。対イラク戦争が始まる二カ月も前の投書の一節である。読者はすっかり見抜いているのだ。ここでは記者個人の戦争観が問われている。

もうひとつ、戦争で一つの不安をつぶしてもすぐに次の不安が出てくる時代に、人びとが新聞に期待するものは何か。それは終わりのない「戦争」がもたらす漠然とした不安をメディアが共有してくれることである。細い細い解決の道を一緒に模索してくれることである。テレビ映像で植えつけられたテレビゲーム的な戦争、あるいは「きれいでスマートな」戦争というイメージを、もういちど考え直す材料を提供してくれることである。

テロは許せない。テロ実行者の情報は信じられない。そのとおりだ。だが、実行犯と同じ民族、同じ国民だというだけで、彼らも同じテロリストだと断じ、彼らの言動を反逆行為と決めつけるのは危険である。情報は双方とも権力によってコントロールされている以上、できるかぎり多彩な情報源に依拠するのは当然だ。ロイターのスティーブン・ジュークスが言うように、出来事を多角的に見ることに不寛容だと間違いを起こしやすい。

新聞にとっての正念場

二一世紀の「戦争」の変容は、日本の安全保障論議にも影響してきた。

日本の新聞がブッシュ・ドクトリン的な言動に警鐘を鳴らし続けるのは当然であり、世界のためにも大事なことだ。しかし同時に、自らの足元に気をつけることはもっと大事である。例えば先制攻撃を容認するブッシュ政権を非難するとき、この問題は日本ではどうなっているか、必ず検証することである。

二〇〇三年一月二四日の衆院予算委員会で、北朝鮮が日本にミサイル攻撃を仕掛けてきたときの対応が論議された。朝日・毎日・読売の三紙のなかでは一紙だけ同日の夕刊でこれをとりあげた毎日新聞は、防衛庁長官・石破茂の発言のくだりをこう伝えている。

「(攻撃の)恐れ(だけ)の段階で敵基地をたたくことはできない」としながらも、「東京を火の海にしてやるという表明があり、(ミサイルに)燃料を注入し始めたら(攻撃)着手ということになる」と述べ、燃料注入段階で日本が北朝鮮のミサイル基地を攻撃することは可能との見解を示した。

朝日、読売の両紙は二五日朝刊で報道した。朝日は「ミサイルに燃料注入なら「攻撃着手とみなす」」という見出しで三面四段の扱い。読売は「発射準備で反撃可能」で二面三段である。毎日は同じ日の朝刊二面トップ三段の扱いで「「集団的自衛権」に一石」という解説風の記事を掲載したが、続報は私が見たかぎりではそれだけだった。朝日と読売には、すでに二〇〇二年五月、官房長官・福田康夫が国会で同様の見解を示しているとあり、これが冷たい扱いになった理由だろうか。だが、仮に石破発言が福田発言の二番煎じだったとしても、重大な発言であることに変わりはない。時期的に緊迫の度合いが違う。

これはブッシュ・ドクトリンでいう先制攻撃と同じ文脈で考えなければならない。東京を火の海にすると言った。そのあとミサイルへの燃料注入が始まった。その二つだけで日本への武力攻撃の着手とみなし、相手基地を攻撃できるというのである。

これは、自衛権の発動に自ら大きな枠をはめてきた日本の姿勢に反しないのか。発動は「武力攻撃が実際におこなわれた後」という国際的な定説に反しないのか。日本政府の考えと、日本の新聞が批判するブッシュ政権の先制的自衛の考えとは、どこが、どう違うのか。そういった疑問に答えられるのは新聞のはずである。

対イラク戦争の勃発は、日本人の安全保障観はもとより、国際秩序のあるべき姿や日米同盟についての考え方まで変えていくかもしれない。国連を含む国際秩序の枠組みに挑戦しようとする米国、それに異を唱えないで積極的に戦争を支持しようとする日本。だが、「日米関係の信頼性を損なうことは日本の国家利益に反する」という日本政府の主張と、これに首をかしげる人びととの距離は予想以上に大きい。近代国家同士の健全な同盟関係とはどんなものか。特定の一国の主張のみに従っておれば、常に国益は保障されるものなのか。いまこそ新聞は自信を持って読者に語りかけなければならない。二一世紀の「新しい戦争」は、新聞にとっても正念場である。

注

(1) 朝日新聞(二〇〇三年二月二八日付)
(2)(3) 宮坂直史「低強度紛争への米国の対応」(『国際安全保障』二〇〇一年九月号)
(4) 五十嵐武士「ブッシュ政権の対外政策の問題点」(『世界経済時報』二〇〇三年一月一〇日号)
(5) ステファン・ブルックスほか「アメリカの覇権という現実を直視せよ」(『論座』二〇〇二年九月号)
(6) 「ロイターのテロ報道　米国政府などから圧力」(『新聞協会報』二〇〇二年一〇月八日号)
(7) 関原和佳子「戦争させない報道を考えて」(朝日新聞二〇〇三年一月一三日付「声」)

おわりに

新聞のことを書いてみませんか、と言われたのはずいぶん前のことです。そのときは、はい、喜んで、と答えたのでしたが、これが我が身にとっていかに大変なことか、準備を始めてみてすぐ分かりました。筆が進まないのです。なにしろ私はつい先日まで新聞の現場にいた人間です。ああすべきだ、こうすべきだ、といった調子で他人事のように書くわけにはいきません。何を書いてもボールはそのまま自分に返ってくるからです。

その間にも、新聞は土俵際に追い詰められている、という実感がありました。メディア評論家が「新聞はもう過去の遺産」と言うのはいいとして、新聞社の後輩から「新聞はあと何年もつのでしょうか」といった年賀状をもらうと、とてもこたえます。新聞があって世間があるのではない、世間があって新聞があるのだ、だから世間さまに通用しなくなったら新聞はおしまい。結局、これだけのことが言いたくて、この本を書いてきたように思います。

書き終えて改めて考えることが、いくつかあります。

まず、新聞離れも困るが、知的情報離れはもっと困るということです。出発から五〇年にして早くもテレビ離れの現象が起きています。ニューメディアの専門家・小林雅一さんによれば「テレビ番組は基本的に低い水準に合わせて作られるのが常識」だそうですが、とすると視聴者がそれを見抜き始めたということでしょうか。にもかかわらず視聴率がとれないとの理由で、良心的とされていた報道番組が事実上打ち切られるなど、「考えさせてくれる」テレビ番組はますます減っていくようです。インターネット系にしても、たしかに情報は乱舞していますが、知的な情報となると、専門的な分野はともかく、一般的には満足できる段階とは言えません。印刷媒体か電子媒体か、それはどちらでもいい。人びとに「考える喜び」をあたえる媒体づくりを急がないと、この国の知的状況は厄介なことになるのではないでしょうか。

次は、新聞は新聞だけでは何もできない、ということです。新聞社がこれぞ卓見と信じて、どんなに派手なキャンペーンを展開しても、読者が納得しないかぎり、それは一人相撲で終わります。どんな問題についても新聞と市民がキャッチボールしながら対話していく。そこに世論が形成される。市民の意思、市民の言動が新聞の方向を決定するのです(内部にいた人間として明言できますが、新聞は市民の「声」にことのほか敏感です)。その意味で、新聞はその国の市民のレベルを超えることはできません。

同時に、政党がしっかりしていない国の新聞は成長しない、ということです。とくに自主性に富んだ野党第一党をもたない国は不幸です。政権党と違う立場から政策を提示してくれると、新聞はそれを報道することで多様な意見を人びとに知らせることができる。だが、野党第一党の姿勢が政権党に限りなく近いものになると、両者を紙面で比較する意味が薄れ、ニュースになりにくいのです。自衛隊の海外派遣や有事法制の問題など、国民各層の声が政党に反映され、国会で論議され、紙面化される。新聞が独自に甲乙両論を掲げて読者に問いかけるにしても、それと現実の政党がどう結びついているか、これが明確にならないと、読者の判断材料にはなかなかならないものです。

一方で、新聞は政党や国会報道に力点を置きすぎている、NPOなど草の根の組織にもっと目を向けよ、という指摘をよく受けます。雑談とはいえ、「社員にNPO休暇を」が新聞社で話題になる時代です。NPOにかかわる報道はもっと増えていくはずです。

おしまいは、読者とは何か、ということです。新聞社での最後の数年間、読者のニーズに応えて、という文言を繰り返してきましたが、いまもって、読者とはだれか、ニーズとは何か、答えが見つからないのです。極言すれば、部数一〇〇〇万部の新聞は一〇〇〇万のニーズを背負っているのです。そのすべてのニーズに応えられるはずがありません。

男か女か。年寄りか若者か。金持ちか貧乏人か。知識人か大衆か。まず、読者像をつかまなければ、新聞としてだれに、何を、どう伝えたいのか、はっきりしません。私にとって「読者論」は追い続けたい究極のテーマであります。

二〇〇〇年度後期の半年間、東京大学社会情報研究所で新聞論を講じました。週一回、仕事を持ちながらでしたが、編集、販売、広告、電子・電波、制作など、新聞社全体を立体的に勉強するいい機会になりました。二〇〇二年春には、藤原書店の季刊誌『環』第九号に「新聞の存在理由とその未来」を書きました。いずれも小著の下敷きになっています。

この本を書くにあたっては、資料の提供・作成などで、岩崎千恵子さんをはじめ日本新聞協会、日本プレスセンターの方々になみなみならぬ協力をいただきました。関西地区で朝日新聞を販売している人びとの集まりである大阪朝日会の有志の方々からは、有益な話を聞かせてもらいました。「ルモンド・ディプロマティック」については、根本長兵衛さんと内山眞さんが調べてくれました。掲載した写真の選択では、中村英さんの協力を得ました。また、岩波新書編集部の坂巻克巳さんからは、新聞人には思いもつかぬ角度からの疑問や提案を示していただき有益でした。

なお、本文中、すべて敬称を省きました。お許しの程を。

二〇〇三年三月

中馬清福

中馬清福

1935年鹿児島市に生まれる
1960年東京都立大学卒業，朝日新聞社入社．
秋田，横浜支局を経て政治部員，同部次長，論説委員，同主幹，代表取締役専務・編集担当などを歴任．2001年退任．この間，米国マサチューセッツ工科大学・国際問題研究所客員研究員(1983-84年)．
現在ー朝日新聞社顧問，同アジア・ネットワーク会長
著書ー『再軍備の政治学』(知識社)
『軍事費を読む』(岩波ブックレット)
『密約外交』(文春新書) ほか

新聞は生き残れるか　　岩波新書(新赤版)833

2003年4月18日　第1刷発行

著　者　中馬清福《ちゅうまきよふく》

発行者　大塚信一

発行所　株式会社 岩波書店
〒101-8002 東京都千代田区一ツ橋2-5-5

電　話　案内 03-5210-4000　販売部 03-5210-4111
新書編集部 03-5210-4054
http://www.iwanami.co.jp/

印刷製本・法令印刷　カバー・半七印刷

ISBN 4-00-430833-X　　Printed in Japan

岩波新書創刊五十年、新版の発足に際して

岩波新書は、一九三八年一一月に創刊された。その前年、日本軍部は日中戦争の全面化を強行し、国際社会の指弾を招いた。しかし、アジアに覇を求めた日本は、言論思想の統制をきびしくし、世界大戦への道を歩み始めていた。出版を通して学術と社会に貢献・尽力することを終始希いつづけた岩波書店創業者は、この時流に抗して、岩波新書を創刊した。

創刊の辞は、道義の精神に則らない日本の行動を深憂し、権勢に媚び偏狭に傾く風潮と他を排撃する驕慢な思想を戒め、批判的精神と良心的行動に拠る文化日本の躍進を求めての出発であると謳っている。このような創刊の意は、戦時下においても時勢に迎合しない豊かな文化的教養の書を刊行し続けることによって、多数の読者に迎えられた。戦争は惨澹たる内外の犠牲を伴って終わり、戦時下に一時休刊の止むなきにいたった岩波新書も、一九四九年、装を赤版から青版に転じて、刊行を開始した。新しい社会を形成する気運の中で、自立的精神の糧を提供することを願っての再出発であった。赤版は一〇一点、青版は一千点の刊行を数えた。

一九七七年、岩波新書は、青版から黄版へ再び装を改めた。右の成果の上に、より一層の課題をこの叢書に課し、閉塞を排し、時代の精神を拓こうとする人々の要請に応えたいとする新たな意欲によるものであった。即ち、時代の様相は戦争直後とは全く一変し、国際的にも国内的にも大きな発展を遂げながらも、同時に混迷の度を深めて転換の時代を迎えたことを伝え、科学技術の発展と価値観の多元化は文明の意味が根本的に問い直される状況にあることを示していた。

その根源的な問は、今日に及んで、いっそう深刻である。圧倒的な人々の希いと真摯な努力にもかかわらず、地球社会は核時代の恐怖から解放されず、各地に戦火は止まず、飢えと貧窮は放置され、差別は克服されず人権侵害はつづけられている。科学技術の発展は新しい大きな可能性を生み、一方では、人間の良心の動揺につながろうとする側面を持っている。溢れる情報によって、かえって人々の現実認識は混乱に陥り、ユートピアを喪いはじめている。わが国にあっては、いまなおアジア民衆の信を得ないばかりか、近年にいたって再び独善偏狭に傾く惧れのあることを否定できない。

豊かにして勁い人間性に基づく文化の創出こそは、岩波新書が、その歩んできた同時代の現実にあって一貫して希い、目標としてきたところである。今日、その希いは最も切実である。岩波新書が創刊五十年・刊行点数一千五百点という画期を迎えて、三たび装を改めたのは、この切実な希いと、新世紀につながる時代に対応したいとするわれわれの自覚とによるものである。未来をになう若い世代の人々、現代社会に生きる男性・女性の読者、また創刊五十年の歴史を共に歩んできた経験豊かな年齢層の人々に、この叢書が一層の広がりをもって迎えられることを願って、初心に復し、飛躍を求めたいと思う。読者の皆様の御支持をねがってやまない。

（一九八八年一月）

岩波新書より

言語

仕事文をみがく	高橋昭男
仕事文の書き方	高橋昭男
伝わる英語表現法	長部三郎
日本人のための英語術	ピーター・フランクル
言語の興亡	R・M・W・ディクソン 大角 翠 訳
英語とわたし	岩波新書編集部編
中国現代ことば事情	丹藤佳紀
ことば散策	山田俊雄
日本人はなぜ英語ができないか	鈴木孝夫
教養としての言語学	鈴木孝夫
日本語と外国語	鈴木孝夫
ことばと文化	鈴木孝夫
心にとどく英語	M・ピーターセン
日本人の英語 正・続	M・ピーターセン
日本語練習帳	大野 晋
日本語の起源〔新版〕	大野 晋
日本語の文法を考える	大野 晋
日本語をさかのぼる	大野 晋
翻訳と日本の近代	丸山真男 加藤周一
日本語ウォッチング	井上史雄
名前と人間	田中克彦
言語学とは何か	田中克彦
ことばと国家	田中克彦
日本語はおもしろい	柴田 武
英語の感覚 上・下	大津栄一郎
中国語と近代日本	安藤彦太郎
日本語〔新版〕上・下	金田一春彦
外国語上達法	千野栄一
記号論への招待	池上嘉彦
外国人とのコミュニケーション	J・V・ネウストプニー
翻訳語成立事情	柳父 章
言語と社会	P・トラッドギル 土田 滋 訳
漢字	白川 静
ことわざの知恵	岩波書店辞典編集部 編
ことばの道草	岩波書店辞典編集部 編

ジャーナリズム

広告のヒロインたち	島森路子
ジャーナリズムの思想	原 寿雄
フォト・ジャーナリストの眼	長倉洋海
日米情報摩擦	安藤 博
キャッチフレーズの戦後史	深川英雄

岩波新書/最新刊から

824 **有事法制批判** 憲法再生フォーラム編

有事法制の背景・しくみをわかりやすく解説。憲法の精神が破壊されることに警鐘を鳴らし、平和主義を生かす道を提示する。

825 **東京都政**—明日への検証 佐々木信夫著

バブル経済の崩壊後、都政はどのように変容したか。その政策過程と政策論をわかりやすく解説し、分権改革時代の都政を考える。

826 **ドイツ史10講** 坂井榮八郎著

ゲルマン世界から東西ドイツ統一後の現在まで、「ヨーロッパの中のドイツ」を視点にすえながら、一講ずつ要点を明確に解説する通史。

827 **地球の水が危ない** 高橋裕著

頻発する水不足・水汚染、国際河川地域での対立・紛争の激化――今世紀最大の課題ともいわれる水問題の危機的状況を訴える。

828 **アフガニスタン** 戦乱の現代史 渡辺光一著

「戦乱の十字路」であり続けた国家、アフガニスタン。大国の思惑と諸民族の興亡に翻弄された、この国の歴史をコンパクトに描き出す。

829 **西園寺公望**—最後の元老 岩井忠熊著

広い国際的視野と自由主義をもって、軍閥支配に抵抗しながら、明治から昭和まで権力の中枢にいた稀有の政治家の評伝。

830 **テレビの21世紀** 岡村黎明著

テレビ放送50周年の今年、地上波デジタル化が始まる。そのデジタル化とは？ 豊かなテレビ文化は生まれるのか？ 現状批判と展望。

831 **龍の棲む日本** 黒田日出男著

古地図に描かれた異形の姿を出発点に、謎解きがはじまる。中世日本の人々にとって龍とは何か。彼らは何を守っていたのか。

(2003. 4)